Celalettin Kartal

Islamische Gottesrechte vs. säkulare Menschenrechte

GRIN Verlag

Bibliografische Information der Deutschen Nationalbibliothek:

Die Deutsche Bibliothek verzeichnet diese Publikation in der Deutschen National-
bibliografie; detaillierte bibliografische Daten sind im Internet über http://dnb.d-
nb.de/ abrufbar.

Impressum:

Copyright © 2014 GRIN Verlag GmbH
Druck und Bindung: Books on Demand GmbH, Norderstedt Germany
ISBN: 978-3-656-85889-8

Dieses Buch bei GRIN:

http://www.grin.com/de/e-book/285646/islamische-gottesrechte-vs-saekulare-
menschenrechte

GRIN - Your knowledge has value

Der GRIN Verlag publiziert seit 1998 wissenschaftliche Arbeiten von Studenten, Hochschullehrern und anderen Akademikern als eBook und gedrucktes Buch. Die Verlagswebsite www.grin.com ist die ideale Plattform zur Veröffentlichung von Hausarbeiten, Abschlussarbeiten, wissenschaftlichen Aufsätzen, Dissertationen und Fachbüchern.

Besuchen Sie uns im Internet:

http://www.grin.com/

http://www.facebook.com/grincom

http://www.twitter.com/grin_com

Dr. jur. Celalettin Kartal
Expert on Sharia and Minority Issues

Inhalt.

Islamische Gottesrechte vs. säkulare Menschenrechte

Verfasst: 12/2014

- Expertisen in Lehre und Forschung:
  Minderheiten- und Völkerrecht; Islam und Menschenrechte;
  Islam und Integration in Deutschland; Ethik im Islam;
  Fundamentalismus in den monotheistischen Religionen;
  universelle Menschenrechte und Religionen;
  Verfassungen arabo-islamischer Staaten;
  Yezidentum und Yeziden in Deutschland;
  Scharia und Menschenrechte; Migration.

- Beiträge; Seminare; Vorträge
  wie oben

Islamische Gottesrechte vs. säkulare Menschenrechte

I. Einführung

Ein im Wesentlichen oder auch nur teilweise nach religiösen Gesichtspunkten regierter Staat kann die auf Liberalität und Aufklärung basierenden Menschenrechte nicht uneingeschränkt gewährleisten und wird ihrem Wesen nicht gerecht. Keine der modernen Gesellschaften kann sich auf Dauer leisten, auf Menschenrechte ganz zu verzichten. Sie sind nicht nur unverzichtbar, sondern auch ein Aushängeschild für alle demokratischen Gesellschaften geworden. Dass ist der Grund, warum sich alle politischen Systeme prinzipiell auf Menschenrechte stutzen, obwohl ihre Gewährleistung und ihre Anerkennung alles andere als eine Selbstverständlichkeit ist. Das Manko der Menschenrechte besteht aber bis in die Gegenwart vor allem darin, dass sowohl ihre Geltung als auch ihre Durchsetzbarkeit nach wie vor in weiten Teilen der Welt auf größte Schwierigkeiten stößt.

Nirgendwo wurde bis heute ein *weltweites*[1] und effizientes Instrumentarium entwickelt, mit welchem die Verletzung der Menschenrechte überall geahndet und ihrer Durchsetzung tatsächlich Geltung verschafft werden könnte. Selbst die UN-Menschenrechtscharta von 1948, gegen die insbesondere viele islamische Staaten von Anfang an essentielle Bedenken angemeldet hatten, hat bloß empfehlenden Charakter. Zwar gibt es auf internationaler Ebene verbindliche UN-Konventionen (z.B. UNO-Pakte von 1966), aber diese sind bisher entweder nicht von allen Staaten ratifiziert worden oder sie werden selbst von den Unterzeichnerstaaten nicht immer eingehalten. Manche der Unterzeicherstaaten sind sogar erkennbar bemüht, unbequeme Verpflichtungen aus diesen Bestimmungen möglichst unauffällig zu ignorieren. Wie steht es aber mit jenen islamischen Staaten, die *kein* säkulares, sondern religiöses oder weitgehend sakrales Recht praktizieren und die dort vorgesehenen Bestrafungen religiös bzw. zu Teilen religiös[2] begründen? Zwar praktizieren gegenwärtig nur wenige islamische Staaten (vgl. dazu IV. 1) tatsächlich Koran und die Sunna (Überlieferungen des Propheten), aber

---

[1] Mit dem Internationalen Strafgerichtshof in Den Haag hat die Welt zwar ein Gremium geschaffen, mit dem unter bestimmten Bedingungen Delikte wie Völkermord, Verbrechen gegen die Menschlichkeit und Kriegsverbrechen geahndet werden können. Die Einrichtung dieses Gerichtshofs stellt aber nur ein Teilprojekt im Prozess der Universalisierung westlich-säkularer Werte und Politikvorstellungen.

[2] Heiner Bielefeldt: Philosophie der Menschenrechte – Grundlagen eines weltweiten Freiheitsethos, Darmstadt 1998, S. 132.

gerade bei ihnen lassen sich anhaltende Menschenrechtsverletzungen feststellen. Zu fragen ist also, ob die einschneidenden Menschenrechtsverletzungen in diesen Staaten ihre normative Grundlage im Koran und in den „Überlieferungen des Propheten Mohammed"[3] haben.

II. Untersuchung der Problemlage

Analysiert werden einige Normen des Korans und die Überlieferungen des Propheten als Teil der Scharia aus einer juridisch-religionskritischen Sicht. Der Schwerpunkt der ausgewählten Untersuchung konzentriert sich nicht vorrangig auf die Praxis in den einzelnen islamischen Staaten, die sich nach der Scharia richten, sondern auf den theoretischen Vergleich zwischen der westlichen und der islamischen Menschenrechtskonzeption. Bestehen doch offensichtlich zwischen dem westlichen und dem islamischen Konzept vor allem in der Frage der Gleichbehandlung von Mann und Frau, in der Praktizierung der Religionsfreiheit und in der Behandlung von Andersgläubigen wesentliche Differenzen. So ist nach dem westlichen Konzept weder explizit noch implizit erlaubt, die Angehörigen einer bestimmten Religionsgemeinschaft zu privilegieren. Es gibt keine abgestufte Menschenwürde infolge einer Einteilung in die Kategorien: Rechtgläubiger (Muslime), oder „Teilgläubiger" ("Schriftfolger" oder "-besitzer") oder Polytheisten ("Heiden")[4]. Vielmehr stellt die UN-Menschenrechtserklärung unabhängig von der Religionszugehörigkeit eine „Magna Charta" für die gesamte Menschheit dar.

---

[3] Mit der *Sunna* (Brauch) sind die vielen Sprüche und Berichte gemeint, die vom Propheten stammen oder ihm unterstellt werden. Die einzelnen Prophetentraditionen werden Hadith („Ereignis", „Bericht") genannt. Die Sammlung aller dieser Hadithe nennt sich Sunna („Brauch", „vorbildlicher Weg", „Tradition des Propheten"). Sie ist dogmatisch die zweitwichtigste Richtschnur im Islam, vgl. Werner Trutwin: Weltreligionen Islam, Bonn 2010, S. 53. Die *Sunna* des Propheten kann den Koran nicht aufheben, weil sie ihn nur interpretieren darf, vgl. N. J. Coulson: A History of Islamic Law, 1978, S. 58.

[4] Peter Antes nennt zwei weitere Kategorien, die Vertreter neuerer Religionen (z. B. Bahais) sowie Ideologien (Atheisten) hinzu, vgl. Der Islam als politischer Faktor, Hannover 1997, S. 82.

III. Entstehung und Begründung der säkularen Menschenrechte

1. Geschichtliche Entstehung

Es bedurfte eines längeren historischen Prozesses, ehe das „Menschenrecht" Religionsfreiheit in internationale Konventionen Eingang finden konnte[5]. Noch im Mittelalter bildeten geistliches und weltliches Regiment ein einheitliches Herrschaftswesen in einem Corpus Christianum. Die sich erst allmählich durchsetzende Unterscheidung zwischen Religion und Staat - so wie wir sie heute kennen - war im westlichen Christentum zwischen Kirche und Gesellschaft sowie zwischen Kirche und Staat nicht immer so klar - und ist es vielerorts auch heute noch nicht.

Es bedurfte des Zeitalters der Aufklärung (*Enlightenment*), in der die Menschenrechte vor allem vom Bürgertum reklamiert wurden. Dieser Zeitabschnitt wird meist auf 1650 und 1800 datiert. Eine Zeit, in der das Bürgertum bemüht war durch rationales Denken alle den Fortschritt behindernde Strukturen überwinden zu können. Dieser Prozess ging zuerst von England und Holland aus, danach von Frankreich, später erfasste er Deutschland und die weiteren Völker Europas. Das *Zeitalter der Aufklärung* war also geprägt durch eine Bewegung der Säkularisierung und eine Abkehr von der absolutistischen hin zu einer demokratischen Staatsauffassung. Mit der Aufklärung begann die Phase der Umsetzung des liberalen Konzepts der Menschen- und Bürgerrechte. Recht auf Leben, Freiheit, Glück und Eigentum sowie ein Widerstandsrecht wurden gegen eine despotische Obrigkeit reklamiert. Somit entstand eine Bewegung, die für ein vernunftgemäßes, selbständiges Denken eintrat und Vorurteile, Fanatismus und „religiösen Aberglauben" ablehnte. Anhänger der Aufklärung waren vor allem tolerante Christen bzw. Juden. Sie lehnten Hexenprozesse und Folter im Allgemeinen ab und forderten die Humanisierung des gesamten Strafrechts[6].

Demnach liegt der Ursprung der Menschenrechtsidee in der nordamerikanischen bzw. europäischen Aufklärung. Sie wurde weitgehend im Gegensatz zur Tradition entworfen und ohne religiöse Motive begründet. Als Idee sind die Menschenrechte aus Gegenbewegungen

---

[5] Martin Honecker: Zur geschichtlichen Ausdifferenzierung der Religionsfreiheit im reformatorischen Raum, in: Johannes Schwartländer: Freiheit der Religion - Christentum und Islam unter dem Anspruch der Menschenrechte, S. 230.

[6] Aufklärung, in: http://de.wikipedia.org/wiki/Aufkl%C3%A4rung; siehe auch Vordenker der Aufklärung, in: http://de.wikipedia.org/wiki/Vordenker_der_Aufkl%C3%A4rung, zuletzt aufgerufen am 22.11.2014;

gegen den modernen Staat entstanden. Historisch beginnen sie mit der „Bill of Rights von Virginia (1776) und der Französischen Revolution von 1789. Zwar hatte es auch vor 1776 Menschenrechte gegeben, doch nur der Adel und der Klerus konnten als *frei* bezeichnet werden. Die anderen Schichten lebten in einem vom Adel abhängigen abgestuften Schutz- und Dienstverhältnis. Freiheit bedeutete im Mittelalter nicht Freiheit von Herrschaft, sondern war gleichbedeutend mit Privilegien. Nur die Landesherren besaßen Religionsfreiheit, und auch diese nur insofern, als sie zwischen einander verwandten Konfessionen wählen konnten. Es gab auch keine allgemeine Rechtsgleichheit bezüglich der Person, sondern abgestufte Gleichheiten von Personengruppen, Ständen und Korporationen. Erst mit der Erklärung der Menschenrechte im Jahre 1948 wurden Menschenrechte zu einem Schlüsselbegriff der Völkergemeinschaft und des internationalen Rechts. Folglich konnte nur die Gründung der Vereinten Nationen den Menschenrechten eine *universell* geltende und normativ zwingende Überzeugungskraft verleihen[7].

2. Westliches Menschenrechtsverständnis

Moderne Menschenrechte haben einen universellen und globalen Charakter[8]. Sie sind zuerst Freiheitsrechte jedes Einzelnen als naturhafte, angeborene Rechte *gegen* staatliche Macht und sollen als Abwehrrechte in erster Linie Menschen vor staatlicher Bevormundung und Willkür schützen. Ihr Geltungsbereich erstreckt sich ohne Einschränkung auf *alle* Menschen und zwar ohne Unterscheidungen nach Rasse, Herkunft, Nationalität, Geschlecht oder Religion. Dies bedeutet, dass die Gleichheit das *grundlegende* Element der UN-Menschenrechtskonzeption ist. Sie zielt darauf ab, dass eine Vielzahl von religiösen, philosophischen und kulturellen Wertedeutungen und Lebensformen sich entfalten können. Allerdings werden nicht selten Menschenrechte auch zur Erlangung erstrebter Rechtspositionen eingesetzt.

---

[7] Zwar wird der universelle Charakter der Menschenrechte vor allem von Islamisten in Frage gestellt, doch soll diese Diskussion hier nicht behandelt werden. Denn die Universalität der Menschenrechte wird auch von Vertretern der arabischen Staaten - wenn man von Saudi-Arabien als Hüter der „Heiligen Städte" von Mekka und Medina absieht - nicht grundsätzlich in Frage gestellt, vgl. Alexandra Petersohn, Islamisches Menschenrechtsverständnis unter Berücksichtigung der Vorbehalte muslimischer Staaten zu den UN-Menschenrechtsverträgen, Bonn 1999, S. 154, 178.

[8] Ihre Urheber wollten von vornherein ein universelles und globales Normenprogramm entwickeln, vgl. Gerhard Stuby: Universalismus versus Partikularismus - Die Menschenrechte der dritten Generation, in: Aus Politik und Zeitgeschichte B 46-47/98, S. 32.

Die Menschenrechte machen nur Sinn, wenn allen Menschen zugängliche Institutionen und Kontrollverfahren bestehen, vor denen sie effektiv geltend gemacht werden können. Dass sie aber auch gegen Widerstände tatsächlich durchzusetzen sind, kann bis in die Gegenwart im Wesentlichen nur von Menschen aus den entwickelten Industriestaaten erzwungen werden. So sind die Menschenrechte am ausgeprägtesten durch das System der europäischen Menschenrechtskonvention gewährleistet, das seit 1994 eine unmittelbare Klagebefugnis eines betroffenen Individuums vor dem Europäischen Menschengerichtshof vorsieht. Allerdings besteht ein wesentlicher Nachteil der Konzeption der Menschenrechte darin, dass die meisten Menschen, etwa in der Dritten Welt, sie kaum in Anspruch nehmen können. Diejenigen, die sie vor Gericht durchzusetzen vermögen, sind in der Regel Menschen, die in der westlichen Welt leben und de facto des Schutzes der Menschenrechte im Vergleich zu den Menschen in der Dritten Welt ungleich weniger bedürfen. So bleiben in der Welt Menschenrechte bis in die Gegenwart trotz technischen Fortschritts und Globalisierung hinter der Beachtung wirtschaftlicher Interessen erheblich zurück: Sie werden allzu oft dem Primat politischer und ökonomischer Berechnungen geopfert. Ihr Schutz und ihre Institutionalisierung müssen also in den meisten Teilen der Welt erst noch durchgesetzt werden.

Wenn aber die Ökonomie einen solchen Vorrang hat, ist die Frage berechtigt, was Religionen für Menschen bisher bewirkt haben, obwohl sie sich von ihrem Grundverständnis her dem Seelenheil der Menschen verpflichtet haben und für die Menschen da sind. Können also Religionen für sich beanspruchen, „Anwalt der Menschenwürde" und Verfechter der Menschenrechte zu sein? Es sind ausgerechnet jene *Religionen* mit universal-totalitären Anspruch, welche bis in die Gegenwart häufig Kriege angestiftet und im Namen Gottes gerechtfertigt haben[9]. Diese Religionen neigen viel zu sehr zu Zwietracht, Ausschließung und Beherrschung der „Ungläubigen", als dass sie ein Monopol des Bundes mit Gott, der ewigen, unantastbaren und für alle Menschen zwingenden Wahrheit, für sich beanspruchen dürfen. Und es sind die Absolutheitsansprüche des Christentums und auch des Islam, die wegen des Konkurrenzdenkens das Bemühen um den Schutz und die Durchsetzung der Menschenrechte

---

[9] So hat der Papst im 13. Jahrhundert die Christen dazu aufgerufen, die heiligen Stätten in Palästina den Muslimen zu entreißen. Daraufhin sind Könige der europäischen Staaten dem Aufruf gefolgt, gegen die Muslime Kriege zu führen. Von 1095 bis 1270 fanden die Kreuzzüge gegen die Muslime statt. Die Kreuzritter haben, wenn sie eine Stadt einnahmen, bei der Gelegenheit zerstört, die Bevölkerung ausgeplündert und unter der Bevölkerung Massaker veranstaltet, bis sie 1291 besiegt wurden. Auch der dreißig jährige Krieg von 1648 gehört zu den Kriegen (Konfessionskrieg), die im Namen der Religion geführt und legitimiert wurden.

bisher torpediert haben[10]. Die Geschichte der Religionen lehrt, dass die Gefahr von Diktatur und Machtmissbrauch immer dann zunahm, wenn Regierungen vorgaben, im Namen Gottes/Allahs zu handeln.

Das macht plausibel, warum sich das Verhältnis von Religion und Staat sehr früh in der Geschichte als zentrales Problem herausgestellt hat[11]. Dass sich jedoch das Modell der Trennung zwischen Staat und Religion im Westen herausgebildet hat, ist nicht auf die jüdisch-christliche Tradition zurückzuführen, sondern resultiert aus dem religionskritischen Dialog mit der modernen Freiheitsgeschichte. Denn erst die bitteren geschichtlichen Erfahrungen, die im Rahmen der Religionskriege und Machtkämpfe das Bewusstsein unanfechtbarer Rechte, wie z.B. die Religionsfreiheit artikulieren, führen zur Trennung zwischen Staat und Religion. So hat sich der Staat als die Heimat aller Bürger religiöser Neutralität in Westeuropa seit 1648 schrittweise überall durchgesetzt[12]. Insbesondere aber setzt mit dem Beginn der Französischen Revolution von 1789 eine fortschreitende Säkularisierung in Europa ein. Es ist der Zeitpunkt, zu welchem sich ein *vernünftiger* und notwendiger Umgang mit der *christlichen* Religion verbreitet. Vor allem unter Berücksichtigung des andauernden Ketzer- und Konfessionsstreits im Christentum, welcher zu zahlreichen Religionskriegen geführt hat, ist es kein Wunder, dass sich in Europa die Religionskritik am schärfsten entwickelt und geäußert hat[13]. Wenn aber trotzdem christliche Theologen immer wieder den Versuch unternehmen, den Ursprung der Menschenrechte in der Theologie auszumachen, oder eine implizite Menschenrechtsidee mit der christlichen Tradition begründen wollen, so handelt es sich meistens um bloße Vereinnahmungsstrategien. Menschenrechte lassen sich weder als exklusive Errungenschaft der abendländisch-christlichen Tradition noch als bloß immanenten Bestandteil eines westlich-modernen Zivilisationsprojekts verstehen. Moderne Menschenrechte sind zwar aus der westlichen Tradition hervorgegangen, sie sind aber weder von der christlichen noch von der islamischen Religion erkämpft worden. Vielmehr sind Menschenrechte im Aufbegehren gegen christliche Konfessionen errungen worden.

---

[10] Ähnlich Franz Wolfinger: Die Religionen und die Menschenrechte — Eine noch unentdeckte Allianz, hrsg. vom Katholischen Institut für missionstheologische Grundlagenforschung e.V., Bd. II, München 2000, S. 14.

[11] Vgl. Mohamed Charfi: Die Menschenrechte in den islamischen Ländern, in: Johannes Schwartländer, S. 117.

[12] Vgl. Christian Tomuschat: Die Menschenrechte und die Religionen, in: Heinz Robert Schlette (Hg.): Religionskritik in interkultureller und interreligiöser Sicht, Bonn 1998, S. 145.

[13] Jacques Waardenburg: Religionskritik - Aufklärung, Emanzipation, Begegnung, in: Heinz Robert Schlette (Hg.), a.a.O., S. 196f.

Dies erklärt, warum sich namentlich die katholische Kirche bis heute teilweise damit schwer tut, den Wandel ihrer Position gegenüber Menschenrechten offen einzugestehen und ihn auch in seiner Tragweite deutlich zu machen.[14] Es war kein Geringerer als der Papst Pius IX., der als Oberhaupt und Vertreter der katholischen Kirche noch 1864 mit den Enzykliken *Syllabus* und *Qunta cura* die Religions- und Gewissensfreiheiten als „Freiheit des Verderbens" brandmarkte. Er zögerte nicht, die in der Gegenwart als elementar geltenden Menschenrechte mit 80 „modernen Irrtümern" gleichzusetzen. Der Widerstand der katholischen Kirche, die sich als Hüterin des „einzig wahren" Glaubens verstand, lässt sich gegen den Grundsatz des Laizismus historisch anhand von zahlreichen Beispielen bis 1885 feststellen[15]. Im Grunde dauerte die ablehnende Haltung der Kirche sogar bis zur Erklärung des Zweiten Vatikanischen Konzils zur Religionsfreiheit im Jahre 1965.[16] Aber im Laufe des 20. Jahrhunderts konnten die Kirchen ihre traditionellen Vorbehalte gegen das säkulare Recht weithin ablegen, und seither erkennen sie Menschenrechte nunmehr an[17]. Doch zeigt der Vatikan in seiner aktuellen politischen Haltung gegen die rechtliche Gleichstellung zwischen homosexuellen Partnerschaften, dass er auch weiterhin gegen die Erweiterung der Menschenrechte opponieren wird. Ebenso lehrreich ist die Sonderstellung[18] der Kirche in Deutschland. Die Kirche vermag durch ihre Sonderstellung in bestimmten Bereichen das Recht auf individuelle Selbstbestimmung nach Art. 2 Abs. 1 GG zu beeinträchtigen[19]. Sie besitzt eine eigene Gerichtsbarkeit. Es gibt zahlreiche „Tendenzbetriebe" in Deutschland, in denen die Kirchen losgelöst vom Staat souverän agieren. Dies betrifft vor allem die Auswahl und Einstellung des Personals an kirchlichen Schulen und Hochschulen. So werden vor allem „Migranten nicht christlichen Glaubens" in qualifizierten Positionen so gut wie nie von

---

[14] Heiner Bielefeldt, a.a.O., S. 128.

[15] Alexandra Petersohn, Islamisches Menschenrechtsverständnis unter Berücksichtigung der Vorbehalte muslimischer Staaten zu den UN-Menschenrechtsverträgen, Bonn 1999, S. 122; Otto Kimminich: Religionsfreiheit als Menschenrecht, a.a.O., S. 34.

[16] Heiner Bielefeldt, a.a.O., S. 177.

[17] So Heiner Bielefeldt, a.a.O., S. 126, 188. Im Hinblick auf das () Emanzipationsinteresse hat sich Religion, vor allem Kirche als System, wie sich an zahlreichen Beispielen belegen lässt, fortwährend kontraproduktiv ausgewirkt

[18] Nach Rechtsprechung des Bundesverfassungsgerichts unterliegen „vertraglich vereinbarte Loyalitätsobliegenheiten in kirchlichen Arbeitsverhältnissen () weiterhin nur eingeschränkter Überprüfung durch die staatlichen Gerichte", siehe Bundesverfassungsgericht, Nr. 103, 3014 vom 20.11.2014 2 BVR 661/12.

[19] Im Hinblick auf das Emanzipationsinteresse hat sich Religion, vor allem Kirche als System, wie sich an zahlreichen Beispielen belegen lässt, immer wieder *kontraproduktiv* ausgewirkt, vgl. Otwin Massing: Soziologische Überlegungen zum Verhältnis von institutionell verfaßter Religion (Kirche), volkskirchlicher Massen-Basis und „expressiven Gruppen", in: Separatdruck aus „Concilium", Heft 4, 1975, S. 244 (241-248).

9

Kirchen eingestellt. Auch das von der Europäischen Gemeinschaft vorgegebene Allgemeine Gleichstellungsgesetz trägt der Interessenlage der Kirche Rechnung.

Die Sonderverfassung der Kirche ist kompliziert. Die Kirche ist der zweitgrößte Arbeitgeber und besitzt „Sonderrechte", aufgrund derer sie Angestellte nach Konfession sich aussuchen darf. Sie darf mit Billigung des Staates als „Vertreter von Migranten" in bestimmten Bereichen agieren und bestimmte Migrantengruppen gleichheits- bzw. versfassungswidrig behandeln.

Insofern legt bereits die Entstehung der Menschenrechte, die aktuelle Haltung der Kirche zum säkularen Recht und der Religionen im allgemeinen nahe, dass der moderne Staat sich nicht mit einer bestimmten Religion oder Weltanschauung identifizieren oder gar diese zu einer normativen Basis seiner eigenen Ordnung erheben darf. Er muss als ein sich den Menschenrechten verpflichtet fühlender Rechtsstaat religiös und weltanschaulich neutral sein; erst recht, wenn seine Neutralitätspflicht immer wieder durch Kruzifixe und traditionelle muslimische Bekleidungsvorschriften wie z.b. der Ganzkörperverschleierung[20] auf die Probe gestellt wird. Exakt diese Konzeption liegt dem westlichen Staat theoretisch zugrunde.

Wie steht es aber mit dem islamischen Staat und seiner menschenrechtlichen Legitimation? Welche islamischen Staaten praktizieren die Scharia? Wie lässt sich das islamische Konzept für Menschenrechte im Unterschied zum westlichen charakterisieren? Ist das islamische Recht, bestehend aus Koran und Scharia, mit den modernen UN-Menschenrechten überhaupt kompatibel?

---

[20] Eine Ganzkörperverschleierung kann z. B. eine Burka sein. Bei ihr handelt es sich um ein weites Gewand, das über den Kopf gezogen wird und die Frau bis zu den Zehenspitzen verhüllt. Im Grunde ist die Burka erst Ende des 20. Jahrhunderts durch den osmanischen Alleinherrscher Abdul Hamid eingeführt worden. Eine Ganzkörperverschleierung wird jedoch im Koran (vgl. 33, 59; 24, 30-31) nicht erwähnt und ist auch nicht vorgeschrieben, vgl. Walter M. Weiss, a.a.O., S. 47.

IV. Gottverliehene Menschenrechte im Islam

1. Staaten, die Scharia praktizieren oder sich nach ihr richten.

Es existiert kein einheitliches islamisches Rechtssystem, wie es dem Laien vielleicht vorschweben mag; die gemeinsame Basis und Brücke zwischen den Muslimen innerhalb des Islam stellt nur der Koran[21] dar als die wichtigste Quelle des islamischen Rechts. Dem Koran kommt vor allem in den Bereichen des Familien- und Erbrechts unmittelbare rechtliche Wirkung zu, die in den meisten islamischen Staaten nach wie vor nach der Religionszugehörigkeit der Betroffenen geregelt ist.[22] Aber im Unterschied zu den familien- und erbrechtlichen Normen islamischen Rechts finden strafrechtliche Vorschriften des Koran[23] de lege lata nur in einer Minderheit islamisch geprägter Staaten offiziell Anwendung.[24] Es sind vornehmlich diejenigen Länder, deren Rechtsordnungen explizit eine verbindliche Beziehung zum Islam aufweisen. Von den 40 Staaten[25], deren Gesamtbevölkerung mindestens zur Hälfte aus Muslimen besteht, richten sich mehr als ein Drittel[26] nach der Scharia aus. Von Ausnahmen abgesehen gehören die meisten dieser Staaten zu den ärmsten der Welt. Gleichzeitig gehören sie durch ihre Rechtspraxis (z.B. Amputationsstrafen, Peitschenhiebe) auch zu jenen Ländern, in denen Menschenrechtsverletzungen unterschiedlicher Intensität und Ausmaßes stattfinden[27]. So

---

[21] Alle nachfolgenden Zitate aus dem Koran stammen aus der Übersetzung von Max Henning, Philipp Reclam jun. Stuttgart, durchgesehene und verbesserte Ausgabe 1991.

[22] Heiner Bielefeldt, a.a.O., S. 132.

[23] Vgl. die im Koran geregelten Straftatbestände wie z.B. Achtzig Peitschehiebe für Verleumdung (Sure 24 Vers 4); Händeabhacken für den Diebstahl (Sure 5 Vers 38); Blutrache bei Tötung eines Angehörigen (Sure 17 Vers 33).

[24] Heiner Bielefeldt, a.a.O., S. 133.

[25] Vgl. z.B. amnesty international Jahresbericht 1995; Religionsfreiheit in den Ländern mit überwiegend islamischer Bevölkerung, Schriftenreihe von „Kirche in Not / Ostpriesterhilfe" 1999. Es gibt derzeit 57 Staaten der Organisation der Islamischen Konferenz. Keiner dieser Staaten ist von Muslimen allein bewohnt.

Es ist natürlich nicht ganz unproblematisch Länder als islamisch zu bezeichnen, wenn deren Gesamtbevölkerung nur zur Hälfte aus Muslimen besteht, vgl. dazu Peter Heine: Islamische Länder/Völker, in: Khoury/Hagemann/Heine: Islam-Lexikon, Bd. 2 (G-N), Freiburg; Basel; Wien 1991, S. 408 f.

[26] Saudi-Arabien, Iran, Pakistan, Sudan, Ägypten, Nigeria, Libyen, Jemen, Gambia, Bahrain, Brunei, Katar, Komoren, Oman und Mauretanien.

[27] Es gibt Menschenrechtsverletzungen in den Ländern der „islamischen Welt", die nicht durch Scharia geprägt sind. Dazu erklärt Murad Hoffmann, dass die häufige Verletzung von Menschenrechten in sogenannten islamischen Staaten weder islamisch motiviert noch islamisch legitimiert ist. Doch Murat Hoffmann's Statement über die Menschenrechte im Islam ist nicht nur rhetorisch, sondern auch entlarvend. In seine informativen, lesenswerten Erläuterungen erklärt er, „dabei wäre es relativ einfach gewesen, mit etwas Einfallsreichtum zu beweisen, dass der Islam alle klassischen Menschenrechte schon seit 1400 Jahren kennt und besser verankert hat als der Okzident seinen Kodex". An anderer Stelle führt er aus „(...) die Scharia als

11

vollstreckt **Saudi-Arabien** als „Islamisches Königreich" die von der Scharia vorgeschriebenen Amputationsstrafen. Art. 1 des „Gesetzes zum Regieren" erklärt den Koran zur Verfassung des Landes. In **Katar**, einem Emirat, ist der Islam Staatsreligion. Nach Artikel 1 ist die Schari'a die Hauptquelle der Gesetzgebung. Dort bestimmt die Scharia das Familien- und Erbrecht und Teile des Strafrechts. So sieht das Gesetz für den Ehebruch die Todesstrafe vor, wenn eine Muslima und ein Nicht-Muslim daran verwickelt waren. Daneben existieren die Tatbestände der Steinigung und die Todesstrafe für Apostasie[28]. Der **Iran** als „Islamische Republik" vollzieht die Amputationsstrafen und folgt anders als die Mehrheit der „islamischen Welt" der sog. Imamiten-Lehre. Die Scharia (Koran und Tradition) ist die einzige Quelle der Gesetzgebung (Art. 2). Zwar dürfen dort – anders als z.b. in Saudi-Arabien – die Abgeordneten gemäß Art. 58 vom Volk gewählt werden, aber der Souverän ist Allah allein.[29] In **Afghanistan** (Art. 3) darf kein Gesetz den Bestimmungen des Islam umgehen. Das dortige *Federal Supreme Court* ist sowohl mit Richtern als auch mit Scharia-Experten besetzt (Art. 89). Bemerkenswerterweise garantiert die Verfassung auch die Meinungsfreiheit (Art. 36)[30]. Im „Neuen Irak" (Irakische Republik) ist der Islam eine der Quellen der Gesetzgebung. Gleichwohl darf keines der Gesetze des Staates zu denen der Demokratie im Widerspruch stehen. Im nördlichen Teil von Sudan, der arabo-islamisch geprägt ist, gelten seit 1983 Tradition und Scharia als die Quellen der Gesetzgebung. In der „Islamischen Präsidialrepublik Jemen", dem direkten Nachbarstaat Saudi-Arabiens, gilt ebenso seit 1991 die Scharia. In der Republik **Pakistan** gelten bereits seit den 1970er-Jahren viele Bestimmungen des islamischen Rechts. Alle Gesetze müssen sogar laut Verfassung mit der Scharia übereinstimmen.[31] Insbesondere das Familien- und Erbrecht richtet sich nur nach

---

göttliches Recht steht letztlich nicht zur Disposition (...). Soweit sich der Konflikt deshalb nicht lösen lässt, bleibt den Muslimen nur übrig, ihn auszusitzen, bis der Wind der Moderne und Postmoderne in einer Post-Post-Moderne wieder dreht. (...)", so Murat Hoffmann: Der Islam und die Menschenrechte, in: http://www.way-to-allah.com/themen/Menschenrechte.html, abgerufen am 29.11.2014.

[28] "Homosexuality is a crime punishable by the death penalty for Muslims", vgl. Qatar, in: http://en.wikipedia.org/wiki/Qatar, abgerufen am 28.11.2014. "Stoning (...) remains a legal form of judicial punishment in United Arab Emirates, Iran, Iraq, Qatar, Mauritania, Saudi Arabia, Somalia, Sudan, Yemen, Northern Nigeria, Aceh in Indonesia, Brunei, and Pakistan", vgl. Stoning, in: http://en.wikipedia.org/wiki/Stoning#Afghanistan, abgerufen am 28.11.2014. Murat Hoffmann vertritt die Ansicht, dass es keine islamische Rechtfertigung für Steinigen gibt. „Eine Vorschrift, Ehebrecher zu steinigen, findet sich im Koran nicht, sondern nur in der Bibel, nämlich im 5. Buch Moses (22:20-22)". Seiner Meinung nach reiche ein Hadith allein nicht aus, um eine derart gravierende Strafe zu begründen, vgl. Der Islam und die Menschenrechte, a.a.O.

[29] Die Scharia im Iran sieht sogar für denjenigen, der „einer nicht legitimen Beziehung mit einer muslimischen Frau" schuldig überführt wird, die Todesstrafe vor.

[30] Gegensätzlicher kann man sich kaum eine Verfassung vorstellen.

[31] "All existing laws shall be brought in conformity with the Injunctions of Islam as laid down in the Holy Quran and Sunnah (...)" (Part IX, 227), vgl. The Constitution of Pakistan, in: http://www.pakistani.org/pakistan/constitution/part9.html, abgerufen am 27.11.2014.

islamischem Recht. Das Strafrecht wurde ebenfalls islamisiert[32]. So wendet das Landet die islamischen Amputationsstrafen nach der Scharia an. Wer dort den Koran diffamiert, dem droht ein lebenslanger Freiheitsentzug, wer den Propheten Mohammed verflucht, riskiert sein Todesurteil. Die Verfassung von **Malaysia** erklärt den Islam als Staatsreligion, will aber auch die Religionsfreiheit garantieren. Dort existiert die Todesstrafe für Mord, Terrorismus und Rauschgifthandel. Neben den Zivilgerichten bestehen Scharia-Gerichte für Muslime. Die Rechtsprechung der Scharia-Gerichte ist in Fällen der Scheidung, Erbschaft, Apostasie und Religionswechsel ganz auf Muslime beschränkt[33]. In Teilen von **Nigeria**, in dem Bundesstaat Zamfara, wird ebenso die Scharia praktiziert. Aber auch das im Westen als relativ liberal bekannte **Ägypten** orientiert sich an der Scharia[34]. Dort ist trotz der erfolgten Revolution („Arabischer Frühling") der Islam weiterhin Staatsreligion, und jedes Gesetz, das gegen den Islam verstößt, ist gleichzeitig ein Verstoß gegen die Verfassung des Landes. Neben diesen Staaten gibt es allerdings auch Länder innerhalb des Islam, in denen offiziell weder Koran noch die Scharia eine wesentliche Rolle in der Gesetzgebung spielten. Zu diesen Staaten gehören Turkmenistan, Kirgisien,[35] Tunesien[36] und **Türkei**. Letztere ist sogar als „Musterland", das trotz seiner islamischen Tradition den Laizismus praktiziert, bekannt.[37] Sie, die Türkei, selbst definiert sich nicht als islamischer Staat, weist aber als Nachfolgerin des Imperiums der Osmanen eine Jahrhunderte lange islamische Tradition auf. Ihre Verfassung garantiert die Religionsfreiheit (Art. 24), aber der islamische Religionsunterricht ist für alle Staatsbürger verpflichtend.[38] Alevitische Kinder müssen meistens gegen ihren Willen am

---

[32] Pakistan, in: http://de.wikipedia.org/wiki/Pakistan#Rechtssystem, abgerufen am 27.11.2014.

[33] Malaysia, in: http://en.wikipedia.org/wiki/Malaysia, abgerufen am 28.11.2014.

[34] The principles of Islamic Sharia are the main source of legislation, vgl. Artikel 2 der Ägyptischen Verfassung. Ägypten hat die UN-Frauenrechtskonvention nur mit Vorbehalten ratifiziert und auch das Zusatzprotokoll zur Frauenrechtskonvention nicht unterzeichnet, vgl. Ägypten, in: http://de.wikipedia.org/wiki/%C3%84gypten#Pr.C3.A4sident, abgerufen am 28.11.2014.

[35] Vgl. zu den Einzelheiten Alexandra Petersohn, a.a.O., S. 45-57.

[36] Zwar erkennt die neue tunesische Verfassung (Artikel 1 Consitution oft the Tunisian Republic 2014) den Islam als Religion des Staates an, aber es fehlen weitere Scharia gemäße Bestimmungen. So ist es den politischen Parteien verboten, sich nach religiösen Programmen oder Prinzipien zu richten (Art. 8). Allerdings werden die Staatsbürger dazu aufgefordert, loyal zu den Lehren des Islam zu stehen („to remain faithful to the teachings of Islam"). Auch der Präsident der Republik hat ein Muslim zu sein (Art. 38). Wenn man von diesen islamrechtlichen Einschränkungen absieht, so hat sich auch das neue Tunesien pro forma als säkular konstituiert, The Constituion of Tunesia, in: http://confinder.richmond.edu/admin/docs/Tunisiaconstitution.pdf, zuletzt abgerufen am 27.11.2014.

[37] Es ist jedoch noch eine offene Frage, wie sich die zunehmende Verschärfung des Konflikts zwischen extrem-nationalistisch eingestellten Kemalisten und Islamisten, insbesondere zwischen der Armee und den islamischen Parteien entwickeln wird.

[38] Celalettin Kartal: Der Rechtsstatus der Kurden im Osmanischen Reich und in der modernen Türkei – Der Kurdenkonflikt, seine Entstehung und völkerrechtliche Lösung, Hamburg 2002, S. 120.

Islamunterricht teilnehmen[39]. In der Praxis findet eine deutliche Diskriminierung und Unterdrückung der Nicht-Muslime statt, die zur Vertreibung autochthoner religiöser Minderheiten (christliche Assyrer/Yeziden) geführt hat. Allerdings sind die Verhältnisse dort mit denen der islamischen Staaten nicht gleichzusetzen, die die Scharia offiziell praktizieren.

Dennoch ist anzumerken, dass selbst in den islamischen Staaten, die sich nicht explizit nach der Scharia richten, eine offensichtliche Diskriminierung der Andersgläubigen und eine deutliche Nichtakzeptanz des säkularen oder laizistischen Gedankenguts stattfindet,[40] die wiederum auf die islamische Tradition dieser Länder zurückzuführen ist.

Der Sonderweg der Türkei innerhalb des Islam ist bemerkenswert und hat vor allem seit dem Zerfall der Sowjet-Union durch die „Türkrepubliken" Nachahmer gefunden, aber wegen der in den einzelnen islamischen Ländern weiterhin herrschenden politisch instabilen Verhältnisse lässt sich kaum vorhersagen, ob die meisten Staaten der islamischen Welt internationale Menschenrechte garantieren werden. Feststeht jedoch, dass Koran und Scharia bis auf weiteres in unterschiedlicher Intensität auch in Zukunft die meisten islamischen Staaten prägen werden.

2. Stellenwert von Koran und Scharia

Wie christliche Theologen oft auf die Bibel rekurrieren, so gilt analog für islamische Rechtsgelehrte, dass sie in Menschenrechtsfragen auf Koran und Scharia verweisen,[41] ja sogar das islamische Konzept dem im Westen vorherrschenden für weit überlegen halten. Dies wirft die Frage auf, welche Bedeutung und welcher Stellenwert dem Koran und der Scharia nach islamischer Auffassung zukommt?

---

[39] Der Europäische Gerichtshof für Menschenrechte fordert die Aufhebung des obligatorischen Religionsunterrichts in der Türkei. Doch die türkische Regierung lehnt es ab, ihn abzuschaffen, vgl. Cigdem Toprak: Türkei besteht trotz Urteil auf Religionsunterricht, in: http://www.welt.de/politik/ausland/article132463766/Tuerkei-besteht-trotz-Urteil-auf-Religionspflicht.html, zuletzt abgerufen am 27.2014.

[40] Religionsfreiheit in den Ländern mit überwiegend islamischer Bevölkerung, Schriftenreihe von „Kirche in Not / Ostpriesterhilfe" 1999, S. 11.

[41] Heiner Bielefeldt, a.a.O., S. 134.

Als *primäre* Quellen des islamischen Rechts gelten: der **Koran** und die **sunna**, d.h. die gesetzlich verbindlichen mündlichen Äußerungen, Bestätigungen und Handlungen Muhammads[42]. Der Koran als offenbartes Wort Allahs, darf nach Ansicht aller *islamischen* Gelehrten[43] nicht analysiert, kritisiert oder gar als bloßes Menschenwerk behandelt werden. Er ist nach wie vor die absolut erstrangige Quelle der islamischen Rechtswissenschaft[44]. Dieses Rechtsverständnis macht gleichzeitig die Schwäche dieser Lehre aus. Keines der noch so perfekten und absoluten Rechtssysteme kann auf Dauer den säkularen Veränderungen ewig trotzen und trotzdem Bestandschutz beanspruchen. Die Frage, was genau unter Scharia zu verstehen ist und was zu ihrem Kernbestand gehört, wird von *Ulama*s wie von Islamisten unterschiedlich beantwortet[45]. „Scharia" bedeute ursprünglich nicht etwa „Gesetz" oder „Recht", sondern „Wegweisung". Sie bezeichnet den Weg, der zur Tränke führt, zu dem Wasser, das Quelle des Lebens sei[46]. Als terminus technicus bedeutet sie jedoch das von Allah den Dienern vorgegebene Gesetz, das alle menschliche Lebensbereiche sowie die Beziehung des Menschen zu seinem Schöpfer *abschließend* und *für alle Zeiten* verbindlich regelt[47]. Neben Koran und Scharia gibt es auch *Hadithe*[48] als Aussprüche des Propheten. Leben, Reden (*Hadithe*)[49] und Gewohnheiten des Propheten (sunna) sind im 3. Jahrhundert

---

[42] Die „sunna" als Quelle des Rechts, empfängt ihre Kraft aus dem Koran selbst, der in vielen Versen den Gehorsam gegenüber dem Propheten direkt fordert, wobei er dies als Gehorsam gegenüber Allah selbst betrachtet, vgl. Koran 3,31; „Oh, die ihr glaubt, gehorcht Allah und dem Gesandten... Und so ihr in etwas uneins seid, so bring es vor Allah und den Gesandten..." Koran 4, 59; „Wer dem Gesandten gehorcht, der gehorcht Allah...", Koran 4,80.

[43] Eine Ausnahme stellen einige wenige islamische Wissenschaftler dar, die aber wegen Ihrer kritischen Haltung zum Koran oder ihrer Bereitschaft, den Koran neu auszulegen, ihre Heimat verlassen mussten, vgl. Nasr Hamid Abu Zaid / Hilal Sezgin, Mohammed und die Zeichen Gottes – Der Koran und die Zukunft des Islam, Freiburg 2008, S. 54.

[44] Isam Kamel Salem: Islam und Völkerrecht — Das Völkerrecht in der islamischen Weltanschauung, S. 32.

[45] Der Islam und der Westen, S. 62.

[46] Die Islamisten haben aus einigen Zeilen des Koran, die schmiegsam, leicht, ätherisch und spirituell sind, Stahl und Bomben geschmiedet und dann festgelegt, dass dies das Gesetz Gottes, die Scharia, sei. Dabei handelt es sich in Wahrheit gar nicht um ein Gesetz, sondern um einen Weg!, so Ali Merad: Die saria - Weg zur Quelle des Lebens, in: Johannes Schwartländer — Freiheit der Religion — Christentum und Islam unter dem Anspruch der Menschenrechte, Mainz 1993, S. 392. Nicht selten haben die ersten „vier rechtgeleiteten Kalifen des Islam" und ihre Nachfolger zum Jihad aufgerufen und so den Islam mit „kriegerischen" Mitteln verbreitet. Die islamische Gesichte ist – wenn auch nicht ausschließlich – eine Historie des Krieges, vgl. Werner Trutwin, a.a.O., S. 91, 19-23; zum Begriff *Jihad* und dessen Bedeutung, vgl. Celalettin Kartal: Der militante Islamismus und seine sakralpolitischen Grundlagen – Vorbilder und Jihad, GRIN-Verlag 2014, S. 16 ff.

[47] Die Quellen der Scharia sind Koran, Sunna, Konsens der Rechtsgelehrten (idschma), Analogieschluss (qiyas), vgl. Alexandra Petersohn, a.a.O., S. 12.

[48] Anders als die Sunniten lassen Schiiten nur Hadithe, die auf Ali oder die auf ihn folgenden Imame zurückgehen, gelten, vgl. Walter M. Weisss: Islam Schnellkurs Köln 2003, S. 40.

[49] Not all of the Hadith are equal value: it depends on what they say and on the chain of the transmitters of the story. Many scholars have agreed that the fabrication of hadith was a result of political and social tensions and disagreements erupting immediately after the death of the Prophet, ähnlich Walter M. Weiss, a.a.O., S. 40.

nach dessen Tod in sechs autorisierten Bänden als primäre Quelle für die Auslegung des Koran in Sammlungen der sunna aufgenommen worden[50].

Der Islam ist also, wie ursprünglich, und in der Orthodoxie noch heute, wie auch das Judentum eine das Leben umfassend normierende Religion, die prinzipiell nichts unbeeinflusst lässt. Es fragt sich aber, ob der Islam Menschenrechte im westlichen Sinne überhaupt kennt. Das wäre der Fall, wenn die Menschenrechte nicht erst im 20. Jahrhundert und auch nicht als bloße Idee aus einigen Suren oder Versen des Korans oder aus der Scharia hergeleitet würden, sondern tatsächlich als durchsetzbare verbindliche Normen mit jeweils eigenem Schutzbereich vor autorisierten (unabhängigen) islamischen Gremien und Gerichten generell und in kontrollierter Weise reklamiert und gewährleistet werden könnten.

3. Kategorien islamischer „Menschenrechte"

Während Menschenrechte nach internationalen Menschenrechtsstandards individuelle, unveräußerliche Abwehrrechte gegen den Staat sind, welche dem Menschen kraft seiner bloßen Existenz zustehen, gelten Menschenrechte nach traditioneller islamischer Auffassung als *gottverliehene* Rechte. Die Vorstellung orthodox-muslimischer Kreise, dass alle Menschenrechte bereits genuin und abschließend in der Scharia festgelegt sind, erschwert die Fortbildung der Menschenrechte. Denn die Menschenrechte, die im Rahmen der UN ausformuliert wurden, sind Konsequenzen aus historischen Unrechtserfahrungen. So muss in der westlichen Welt der Kernbestand an Menschenrechten erweitert werden in Zeiten, die dem modernen Staat durch neue technische Möglichkeiten eine intensive Kontrolle und Einflussnahme auf die Bürger ermöglichen. Demgegenüber führt die Vorstellung orthodox-muslimischer Kreise von abschließend offenbarten Menschenrechten zu einer bewussten Verdrängung der Herausforderung der Moderne. Auch die weitere aus dem Koran herzuleitende Einteilung der Menschen in bestimmte – modernrechtlich betrachtet – diskrimierende Kategorien[51] und der Exklusivitätsanspruch des Islam, die allein wahre Religion zu sein, die die Menschenrechte verkörpert, werfen vielfältige juristische Probleme auf, die hier nicht weiter untersucht werden können. Anderseits erklärt sich das apologetische

---

[50] Isam Kamel Salem, a.a.O., S. 34.

[51] Der Islam teilt die Menschen in Rechtgläubige (Muslime), „Teilgläubige" bzw. Schriftbesitzer (z. B. Christen und Juden) und Ungläubige (Heiden bzw. Götzendiener), vgl. Celalettin Kartal: Der militante Islamismus, a.a.O., S. 14, 29.

Interesse in muslimischen Kreisen, Sinn und Notwendigkeit der Menschenrechte im Islam zu verankern, durchaus erklärlich. Denn einerseits hat auch die „islamische Welt" ihre Notwendigkeit unumkehrbar erkannt, wenngleich der Denkanstoß dazu offensichtlich von außen kam, andererseits muss man sich eingestehen, dass dann nur noch der Ausweg bleibt: „Immer schon" waren die Menschenrechte bei uns Praxis, und nur in unserer Version sind sie richtig und ewig gültig[52].

Immerhin gehen anders als die Traditionalisten die liberal eingestellte Muslime davon aus, dass die konkrete Ausformung der Menschenrechtsidee in der Moderne ihre genuine Entwicklung in der nordamerikanischen bzw. europäischen Geistesgeschichte hat, und dass nur ex post festgestellt werden kann, ob Koran und Scharia Menschenrechte als Rechte aller Menschen überhaupt garantieren oder einer solchen Konzeption zumindest nicht im Wege stehen. Damit wird ersichtlich, dass die Rezeption der Menschenrechte auch in der islamischen Welt eingesetzt hat. Diese Art der Herleitung bzw. Begründung der Menschenrechte ist richtungsweisend und stellt – wenn auch indirekt – langfristig den Anspruch des Koran als göttliches und unveränderliches Recht und schließlich auch die Scharia prinzipiell zur Diskussion. Zu fragen ist aber, welche Rechten und Pflichten der Islam für bestimmte Religionen und Individuen (Schriftbesitzer, Götzendiener bzw. Ungläubige) anerkennt.

3.1 Der Status der Frau

Die Rolle der Frau ist der Prüfstein für alle Religionen. Keines der Menschenrechte hat die westliche Welt so verändert wie das Recht auf Gleichbehandlung beider Geschlechter. Auch das deutsche Grundgesetz legt fest, dass Männer und Frauen gleichberechtigt sind (Art. 3 GG). Mit der formalen Gleichberechtigung ist die rechtliche, die soziale und die politische Gleichstellung der Frau in Bezug auf den Mann gemeint. Prinzipiell ist damit eine rechtliche Gleichstellung von Mann und Frauen auf allen gesellschaftlichen Bereichen intendiert, von der aber die meisten Staaten der „westlichen Welt" noch weit davon entfernt sind. Es ist der Westen, der bereits wenige Jahre nach Inkrafttreten der Proklamation der Menschenrechtspakte (1976) eine zusätzliche Übereinkunft, die „Konvention zur Beseitigung

---

[52] Franz Wolfinger, a.a.O., S. 41.

jeder Form der Diskriminierung der Frau", erließ, die erst 1981 in Kraft treten konnte.[53] Aber im Islam ist die Frau prinzipiell weniger wert als der Mann: Deswegen zählt auch ihre Aussage vor Gericht nur halb so viel wie die eines Mannes[54]. Der Koran erwähnt zwar nirgendwo, dass die Frauen rechtlos seien. Aber er normiert, dass die Männer nach Allahs Willen den Frauen überlegen seien. Männer haben einen körperlichen und intellektuellen Vorrang vor den Frauen von Gott erhalten. Wenn muslimische Frauen sich nicht gehorsam verhalten, sollen sie sogar unter bestimmten Bedingungen geschlagen werden (K 4,34). So sind in Scheidungs- und Erbangelegenheiten muslimische Frauen mit Männern nicht gleichberechtigt. Frauen können kein Sorgerecht reklamieren. Söhne erben doppelt so viel wie die Töchter, weil sie den Unterhalt der Familie sicherstellen müssen. Muslimische Frauen können eine Scheidung nur unter Schwierigkeiten und lediglich auf gerichtlichem Weg erreichen, während ein Muslim seine Frau(en) jederzeit ohne Angabe von Gründen verstoßen darf, ohne ein Gericht überhaupt einschalten zu müssen[55]. Denn die Ehe ist im Islam, anders als in der „westlichen Welt", nur ein *zivilrechtlicher* Vertrag zwischen zwei Familien. Er wird durch die Unterschriften beider Seiten besiegelt, wobei die Frau abhängig von der jeweiligen islamischen Schule[56] nicht anwesend sein muss, sondern der Vater, der ältere Bruder oder ein anderer männlicher Befugter als ihr Vertreter fungieren kann[57].

---

[53] Noch 1998 gehörten 62 Staaten zu den Ländern, die Vorbehalte gegen diese Konvention eingelegt hatten. Der Großteil dieser Vorbehalte stammt von islamischen Staaten.

[54] „Sind nicht zwei Mannspersonen da, so sei es ein Mann und zwei Frauen, die euch zu Zeugen passend erscheinen...," Koran 2, 282; „Die Männer sind den Weibern überlegen wegen dessen, was Allah den einen vor den anderen gegeben hat, und weil sie von ihrem Geld auslegen," Koran 4,34. Folgerichtig darf aus diesem Verständnis heraus z.B. eine Frau nicht als Richterin zugelassen werden und auch nicht als Rechtsanwältin oder Justizbeamtin, vgl. Erdmute Heller: Die Frau im Islam, in: Weltmacht Islam, S. 355.

[55] Vgl. Alexandra Petersohn, a.a.O., S. 95. „Pre-Islam Arabs had no limited number of wives. They could marry two sisters at the same time, or even the wives of their fathers if divorced or widowed. Divorce was to a very great extent in the power of the husband", so Aspects of Pre-Islamic Arabian Society http://www.witness-pioneer.org/vil/Books/SM_tsn/ch1s4.html, zuletzt abgerufen am 24.11.2014.

[56] Es gibt vier anerkannte Schulen des Mainstream-Islam und eine Schule der Schiiten. Die Aleviten haben zwar offiziell keine doktrinäre Schule entwickelt, doch sind sie völlig verschieden von all den anderen Schulen des Islam. "The **Hanafis** were the most liberal, allowing a woman to arrange her own marriage (...). The other schools require a woman to be given in marriage by a man and did not require her permission. As regards getting divorced, it was the **Malikis** who were the most liberal, allowing a woman to request for divorce on a wide variety of grounds (...). The **Hanafis** were the most restrictive, recognizing only a woman's right obtain dissolution of her marriage by reason of the husband's inability to consummate it", vgl. N. J. Coulson: A History of Islamic Law, 1978, S. 97.

[57] Vgl. U. Spuler-Stegemann, Muslime in Deutschland, S. 186.

Der Islam gestattet nur den muslimischen Männern die Mehrehe („zwei oder drei oder vier Frauen", Koran 4,3), nicht aber den Frauen. Allerdings ist die juristische Hürde (...so ihr fürchtet, nicht billig zu sein, heiratet nur eine...) fast uneinlösbar[58], so dass aus dieser Norm kein genereller Anspruch auf Polygamie hergeleitet werden kann, sondern auch der Islam die Monogamie zur Regel macht, aber die Mehrehe nicht verbietet. Unzutreffend und koranrechtlich nicht haltbar ist, wenn islamische Rechtsgelehrte behaupten, der normative Islam schließe die Polygamie[59] aus. Eine solche Auslegung lässt sich mit dem Wortlaut des Koran nicht begründen. Auch eine historisch-kritische Koranexegese[60] kann die moderne Forderung nach Einehe nicht stützen, da eine solche Auslegung ihre definitive Grenze juristisch am Wortlaut des Koran findet.

Muslimische Männer dürfen Nicht-Muslime ehelichen, wenn diese zu den monotheistischen Offenbarungsreligionen gehören (Koran 5,5). Hingegen ist die Ehe eines Nicht-Muslims mit einer Muslima verboten (Koran 60,10). Eine islamische Ehe muss also geschieden werden, wenn der muslimische Partner vom Islam abfällt. Ein nicht-islamisches Ehepaar muss aber auch nach dem Übertritt der Ehefrau zum Islam geschieden werden, wenn nicht der Mann ebenfalls Muslim wird[61].

Diese unterschiedliche Bewertung interreligiöser Ehen verweist auf die ungleiche rechtliche Stellung von Mann und Frau. Es ist der Koran, der von der traditionellen Rollenteilung zwischen Geschlechtern bei weitgehender Vorherrschaft des Mannes ausgeht, und damit offensichtlich zur modernen Idee der Gleichberechtigung von Mann und Frau in Widerspruch steht. Diese nach westlichem Verständnis unzulässige Diskriminierung von Frauen manifestiert sich vor allem im Erbrecht, demgemäß die Frau nur die Hälfte dessen erbt, was ein Mann gleichen Verwandtschaftsgrades als Erbteil beanspruchen könnte (Koran 4,176).

---

[58] In einem späteren Vers derselben Sure stellt der Koran fest: „Nimmer ist es euch möglich, in (gleicher) Billigkeit gegen eure Weiber zu verfahren, auch wenn ihr danach trachtet", Koran 4, 129. Mit diesem Argument treten oft auch konservativ eingestellte Muslime für die Nichtanwendung der Polygamie ein, vgl. Heiner Bielefeldt, a.a.O.. S. 140.

[59] Die islamischen Gelehrten kommen nicht selten zu einer Ablehnung der Polygamie, siehe Werner Trutwin, a.a.O., S. 75.

[60] Die muslimischen Gelehrten lehnen bisher eine historisch-kritische Auslegung des Koran ab und nehmen sogar den Wissenschaftlern übel, sofern dieser den Koran als Werk des Propheten ansehen, vgl. Peter Antes: Der Islam als politischer Faktor, Hannover 1997, S. 22.

[61] Vgl. Theodor Khoury: So sprach der Prophet – Worte aus der islamischen Überlieferung, Gütersloh 1998, Nr. 514, S. 273.

Allerdings ist auch die Einstellung des Propheten Mohammed gegenüber Frauen, die nicht nur im Koran[62], sondern auch in seinen Sprüchen (Hadithen) Ausdruck[63] findet, nicht besonders positiv.

Offensichtlich stehen diese Einschränkungen der Eheschließungsfreiheit in Widerspruch zu Art. 26 des Internationalen Paktes über bürgerliche und politische Rechte (IpbürgR), der die Gleichheit vor dem Gesetz unabhängig vom Geschlecht des Betroffenen vorschreibt, und dem Art. 16 der Allgemeinen Menschenrechtserklärung (AEMR), wonach Frauen und Männern im heiratsfähigen Alter „ohne Beschränkung aufgrund der Rasse, der Staatsangehörigkeit oder der Religion" das Recht zur Eheschließung genießen.

Dies zeigt, dass die skizzierten geschlechtsspezifischen Benachteiligungen nach dem Koran und der Scharia mit modernen Menschenrechten nicht in Einklang gebracht werden können: Erstens benachteiligen sie nur und ausschließlich die Muslima; und zweitens fehlt ihnen der *allgemeine* Charakter (jeder Mensch hat..., niemand darf... usw.), der den modernen Menschenrechten innewohnt (vgl. z.B. Art. 2, 5, 10 AEMR). Sie stehen im Widerspruch zu den Grundsätzen der Gleichbehandlung und der Gewissensfreiheit (vgl. z.B. Art. 7 [aller Menschen...], Art. 18 AEMR [jeder Mensch...], Art. 18, 26 IPbürgR), die zu den universalen Menschenrechten gehören. Damit fehlt ihnen modern-rechtlich jede Legitimationsgrundlage.

3.2 Religionsfreiheit und Apostasie

Die Religionsfreiheit ist das Recht, sich für eine bestimmte Religion zu entscheiden oder eben nicht, und zwar ohne jede Form von Zwang, Furcht oder Angst; sie ist das verbriefte Recht, zu glauben oder nicht zu glauben (vgl. Art. 18, IpbürgR, Art. 18 AEMR), das Recht, sein eigenes Glaubensschicksal in voller Bewusstheit zu gestalten ohne aufdringlichen Einfluss von außen. Diese völkerrechtliche Festlegung deckt sich mit dem koranischen Gebot, wonach

---

[62] Wer von euren Weibern eine Hurerei begeht, so nehmet vier von euch zu Zeugen wider sie. Und so sie bezeugen, so schließet sie ein in die Häuser, bis der Tod ihnen naht oder Allah ihnen einen Weg gibt Koran 4, 15.

[63] "Hell was revealed to me, and I perceived that the majority of its occupants are women who are ungrateful... to their husbands", Nicholas Awde: Women in Islam: An Anthology from the Qu'ran and Hadith, 2005, S. 36. "No people will ever be successful if they have entrusted the governing of their affairs to a woman!", ders. S. 91.

es keinen Zwang in der Religion gibt („la irkrha fi-d-din", Koran 2,257) und auch die zwangsweise Bekehrung konsequenterweise streng verboten ist[64]. Deshalb dürften z.b. die als Schriftbesitzer[65] geltenden Juden und Christen de jure nicht dazu gezwungen werden, ihre eigene Religion zu verlassen und den Islam anzunehmen[66].

Allerdings läuft das Menschenrecht auf Religionsfreiheit durch den Tatbestand „Abfall vom Islam" (Apostasie/irtidad) für Muslime ganz ins Leere. Der Abfall vom Islam gilt für den Muslim oder die Muslima als ein todeswürdiges Verbrechen[67]. Wer also einmal Muslim geworden oder als solcher geboren ist, kann seinem Glaubensschicksal nicht mehr entrinnen. Die Gläubigen haben sogar die Pflicht, diejenigen, welche sich vom Islam abwenden, zu ergreifen und zu töten (Koran 4, 89f.). Diese Vorschrift wird auch auf den Abfall vom Glauben (Apostasie) allgemein angewandt[68] und mit dem umstrittenen Spruch begründet, Muhammad habe im Übrigen selber gesagt, „wer seinen Glauben wechselt, den tötet!"

Nach wie vor führt in einer Reihe islamischer Länder der Abfall vom Islam fast immer zur Entlassung aus dem Arbeitsverhältnis, vereinzelt auch zu Lynchjustiz, welcher der betroffene Konvertit kaum anders als durch Auswanderung entkommen kann. Zumindest hat sein Glaubensabfall nach der herrschenden islamischen Rechtsprechung eine Zwangsscheidung der Ehe zur Folge, weil kein Nicht-Muslim mit einer Muslima verheiratet sein darf. Sodann kann er als Konvertit aus der Großfamilie ausgeschlossen werden, und er verliert regelmäßig

---

[64] „Wenn dein Herr gewollt hätte, so würden alle auf der Erde insgesamt gläubig werden. Willst du etwa die Leute zwingen, Gläubige zu werden? Und keine Seele kann gläubig werden ohne Allahs Erlaubnis, Koran 10, 100f. Im Gegenteil wies Allah den Propheten an, er solle „zum Weg deines Herrn mit Weisheit und schöner Ermahnung" einladen und „mit ihnen in bester Weise streiten", Koran 29,47.

[65] Mit Schriftbesitzern (ahl al-kitâb, „Leute des Buches") sind Angehörige des Judentums und des Christentums als monotheistische Religionen mit Offenbarungsschriften (Thora, Evangelium, Bibel) gemeint; später wurden auch Zoroastrier (Parsen) und Sabier/Sabäer dazu gezählt.

[66] So Adel Theodor Khoury: Das Problem der religiösen Minderheiten im Islam, in: Johannes Schwartländer — Freiheit der Religion — Christentum und Islam unter dem Anspruch der Menschenrechte, Mainz 1993, S. 381.

[67] "Apostasy is punishable by death, and is in fact a double crime, against God and against political authority," vgl. Katerina Dalacoura Islam: Liberalism and Human Rights, London; New York 1998, S. 47.

[68] Nach der Rechtsschule der Hanbaliten muss der Abtrünnige sofort getötet werden. Die drei anderen Schulen geben ihm drei Tage Bedenkzeit; und erst dann, wenn er nicht widerruft, muss er getötet werden so Mohamed Talbi: Religionsfreiheit — eine islamische Perspektive, Johannes Schwartländer, S. 65, s. dort Anm. 17. Auch aus kirchlicher Sicht der früheren Zeit galt die Apostasie als todeswürdiges Verbrechen, vgl. Johannes Schwartländer — Freiheit der Religion — Christentum und Islam unter dem Anspruch der Menschenrechte, Mainz 1993, S. 32. Zu einer abweichenden Meinung vgl. Mohamed Charfi, a.a.O., S. 101f.

Besitz und Eigentum und muss auch auf bestehende Erbansprüche völlig verzichten. Der Konvertit wird sogar im Iran, in Saudi-Arabien und seit dem 29.01.1996 auch in Ägypten[69] zur Ermordung freigegeben[70].

Der Grundsatz der Religionsfreiheit ist völkerrechtlich auch dann verletzt, wenn Christen, um eine Muslima heiraten zu können, den einzigen Weg darin sehen, vor einem islamischen Imam (Vorbeter) zu bekunden, dass sein Übertritt zum Islam freiwillig erfolgte und ohne jeglichen Druck, weil sonst der Imam die Ehe zwischen einem „Schriftfolger" und einer Muslima auch fern vom Einflussbereich des Islam nicht erlauben darf. Die Ehe kann also nur formgültig geschlossen werden, wenn der Bräutigam den nach islamischem Ritus einfach erreichbaren Status des Konvertiten offiziell erlangt hat. Von dem im Koran immanenten Verbot „in der Religion gibt es keinen Zwang", das erstens einen definitiven Normcharakter aufweist und zweitens generell gilt, d.h. für alle Religionsangehörigen, bleibt nichts übrig.

Diese Praxis der islamischen Theleologie wirft auch im Hinblick des freiwilligen Ausstiegs aus dem Islam erhebliche Probleme auf. Denn der oben erwähnte (vermeintliche) Spruch des Propheten (Hadith) reicht als Begründung nicht aus, die Religionsfreiheit für Muslime voll und ganz zu unterbinden. Entscheidend ist aber, wie weit der Geltungsbereich der 2. Sure (Koran 2,257) geht und ob die 2. Sure eventuell durch einen späteren Vers absorbiert und damit juristisch gegenstandslos wurde. Nach Sure 2 Vers 257 ist jeglicher Zwang in der Religion unzulässig. Also darf auch niemand dazu angehalten werden, im Islam zu verbleiben, der freiwillig aus dem Islam aussteigen will. Die nach der 2. Sure und erst in Medina - also zeitlich später - offenbarte Sure 4 Vers 91 verbietet, einen Muslim zu bekehren[71], erfasst aber inhaltlich nicht den Fall des freiwilligen Ausstiegs aus dem Islam. Sure 2 entfaltet also nach wie vor Geltungskraft und findet auch im Falle des freiwilligen Ausstiegs Anwendung. Dennoch ignoriert die islamische Praxis die erwähnte Sure, indem sie

---

[69] Vgl. U. Spuler-Stegemann, Muslime in Deutschland, S. 285f. Die Abtrünnigen sind jene Gläubige, die dem Islam freiwillig abschwören, sowohl durch Wort als auch durch Handlungen. Auch bei den Juden wird der Austritt mit dem Tode bestraft, vgl. Mohamed Talbi, Religionsfreiheit — Eine muslimische Perspektive, in: Johannes Schwartländer — Freiheit der Religion — Christentum und Islam unter dem Anspruch der Menschenrechte, Mainz 1993, S. 53f.

[70] So wurde 1986 in Sudan der Reformgelehrte Mahmud Taha wegen Apostasie hingerichtet. 1995 ordnete ein ägyptisches Gericht die Zwangsscheidung des der Apostasie für schuldig befundenen Literaturwissenschaftlers Abu Said von seiner Frau an, vgl. Alexandra Petersohn, a.a.O., S. 140.

[71] „Sie wünschen, dass ihr ungläubig werdet, wie sie ungläubig sind... Nehmet aber keinen von ihnen zum Freund", Koran 4,91.

die Regelung nach Sure 4 Vers 91 auch auf den Fall des freiwilligen Ausstiegs anwendet und die Religionsfreiheit für Muslime umgeht. Vom islamisch-rechtlichen Standpunkt her liegt hier durch traditionelle Praxis gefestigtes Gewohnheitsrecht vor, und die Muslime können sich auf die Sure 2 nicht berufen, sie können also keine Religionsfreiheit geltend machen. Allerdings wird von den islamischen *Ulama*s übersehen, dass der 2. Sure nicht etwa parlamentarisches (also menschliches) Recht zugrunde liegt, sondern Gottesrecht als unveränderliche Norm, und ein solches sakrales Recht kann konsequenterweise auch nicht durch längere Übung außer Kraft gesetzt werden, weil es prinzipiell und ausnahmslos dem Menschenrecht vorgeht.

Dennoch ist hier zu konstatieren, dass wegen der erwähnten Praxis der Rechtsgelehrten eine Religionsfreiheit für Muslime nicht existiert. Von einer Religionsfreiheit für andere Religionsgemeinschaften, die nicht vom Islam anerkennt sind oder anerkannt werden, kann ebenso nicht gesprochen werden. Hier sehen wir also einen weiteren Fall des Missbrauchs islamischen Rechts durch islamische Schriftgelehrte (*Ulema*s). Dies lässt sich offensichtlich mit den Menschenrechtsstandards im Bereich Gewissens-, Glaubens und Meinungsäußerungsfreiheit nicht vereinbaren.

3.3 Der Status der Christen und Juden im Islam

Die Juden[72] und Christen haben als anerkannte Schriftbesitzer (ahl al-kitab, d.h. "Schriftfolger"/"Schriftempfänger"), als aus wertender Sicht Teilgläubige, den gleichen, aber im Vergleich zu anderen nicht anerkannten religiösen Minderheiten (wie z.B. Yeziden, Aleviten,[73] Bahais) einen *bevorrechtigten* Status, da der Islam in der Praxis für beide Glaubensgemeinschaften innerhalb des islamischen Herrschaftsbereichs eine Art „Gastrecht" (dimma) mit gesonderter Besteuerung und oft auch mit Auflagen unterschiedlicher Kleidung

---

[72] Der Koran schildert die Juden zur Zeit Mohammeds weniger positiv als die Christen, vgl. Koran 5,83.

[73] Das Alevitentum in der Türkei und in Kurdistan ist eine Lebensform, eine eigene Glaubenslehre, ein kulturelles System und eine sozio-ökonomische Ordnung, die zwar unter den Vorzeichen des Islam steht, aber mit Muslimen nicht verwechselt werden darf, siehe z. B. Ursula Spuler-Stegemann: Ist die Alevitische Gemeinde Deutschland e. V. eine Religionsgemeinschaft? Religionswissenschaftliches Gutachten, Marburg 2003, S. 21. Die Aleviten gehen nicht in die Moschee. Sie verehren Ali, den vierten Kalifen. Sie haben ihre eigenen Gebetshäuser (Cem evleri). Bei den Aleviten steht der Mensch im Zentrum des Interesses. Die Frau ist unverschleiert. Sie hat eine wesentlich bessere Stellung als im Islam. Ihre Philosophie enthält drei Elemente: „Beherrsche Deine Hände, Lende, Deine Zunge". So gesehen ist das Alevitentum eine eigenständige Religion und hat mit dem Islam, insbesondere mit dem Mainstream-Islam nichts zu tun.

vorsah. Als geduldete Minderheiten konnten sie ihre Angelegenheiten weitgehend selbst regeln, mussten aber im Vergleich zu Muslimen in erheblichem Ausmaß Einschränkungen hinnehmen. Ihr Status beruhte auf sog. Schutzverträgen innerhalb des Islam. Die Schutzverträge waren grundsätzlich unbefristet und wurden vom jeweiligen Nachfolger des Propheten (Khalifen) oder dessen Stellvertreter abgeschlossen, wenn die rechtlichen Voraussetzungen vorlagen. Später erfuhr im Islamisch-Osmanischen Reich dieses Rechtsverhältnis eine gewisse Modifizierung durch das sog. millet-System, in welchem die Nicht-Muslime nach ihrer Religionszugehörigkeit unterschieden wurden, aber Muslimen gegenüber erheblich benachteiligt waren. Als Ausgleich für ihre Duldung auf islamischem Hoheitsgebiet mussten sie eine sog. Kopfsteuer (Jizya)[74] entrichten und sich gegenüber der islamischen *umma* loyal verhalten. Die Abgabe der Kopfsteuer durch Schriftbesitzer an die islamische Gemeinschaft *Umma* beinhaltete eine deutliche Benachteiligung und Diskriminierung[75].

Den Schriftbesitzern innerhalb der *Umma* war unter Hinweis auf Koranverse[76] und Prophetensprüche neben den hier nur grob genannten Einschränkungen auch der Zugang zu den Führungspositionen in Staat und Gesellschaft verwehrt[77]. Nur die Muslime hatten innerhalb des islamischen Gemeinwesens volles „Bürgerrecht", während Andersgläubige allenfalls auf eine relative und abgestufte Duldung hoffen durften. Damit ist klar, dass innerhalb des sog. dar-al-islam (Herrschaftsbereich des Islam) erstaunlicherweise bis in die Gegenwart mit zweierlei Maß gemessen wird, nämlich durch das Verbot für Muslime, zum Christentum oder Judentum überzutreten (weil letztere islamrechtlich als minderwertige Religionen gelten), während die Konversion von Christen und Juden zum Islam erlaubt bleibt und von Zeit zu Zeit gefördert bzw. gefeiert wurde. Eine solche religiös-politische Haltung wirft unabdingbar juristische Fragen auf, weil jedes Gesetz notwendigerweise einen

---

[74] "Dhimmis had to pay a special capitation tax known as the *jizya* and were excluded form severing in the military, since, as non-Muslims, they could not be expected to fight in holy wars on behalf of Islam," vgl. Ann Elizabeth Mayer: Islam and Human Rights - Tradition and Politics, London 1991, S. 148; Alexandra Petersohn, a.a.O., S. 120-124. The taxes were no more *onerous* than those they had paid to their empires. The individuals were in a sense second-class citizens and this led to some conversions; but the conversions were relatively few, except in Iran, where the traditional Zoroastrian religion had largely broken down.

[75] „Kämpft wider jene von denen, welchen die Schrift gegeben ward, (...) bis sie den Tribut aus der Hand gedemütigt entrichten," Koran 9, 29.

[76] „Nicht sollen sich die Gläubigen die Ungläubigen zu Beschützern nehmen... Wer solches tut, der findet in Gott in nichts Hilfe — außer ihr fürchtet euch vor ihnen," Koran 3, 28. Dieser Koranvers lässt sich verschieden auslegen.

[77] Ann Elizabeth Mayer, a.a.O., S. 148.

allgemeinen Charakter aufzuweisen hat, was dann nicht der Fall ist, wenn Nicht-Muslime religiösen Vorschriften unterworfen werden, welche den modernen völkerrechtlichen Anforderungen nicht genügen[78]. Die für Schriftbesitzer garantierte Bekenntnisfreiheit war historisch betrachtet ein Ausfluss aus dem von ihnen erkauften Schutzbürger-Status. Insoweit lässt sich auch von einer Verletzung der verbrieften Bekenntnispflicht der Schriftbesitzer sprechen, wenn man berücksichtigt, dass sie im Herrschaftsbereich des Islam gezwungen wurden, sich durch ihre Kleidung als „Schutzbürger" zu erkennen zu geben, was auch einen Eingriff in die geschützte (negative) Religionsfreiheit sowie weitere Menschenrechte darstellt.

3.4 Die Situation der sog. Ungläubigen

Der Begriff „Ungläubige" ist im Kontext des Koran äußerst negativ besetzt (Koran 8, 55: „schlimmer als das Vieh"); er ist gleichzeitig ein sehr zentraler Begriff im Koran, der sich bisweilen einer eindeutigen bzw. einheitlichen Definition entzieht. Ein „Ungläubiger" ist im koranischen Kontext sogar ein *kuffar*[79], der ein „Feind Allahs" ist (Koran 2,98) bzw. „Gott als Feind" gegen sich hat. Mit Ungläubigen sind diejenigen gemeint, „die Gott etwas beigesellen" (arab. mushrikûn). Die Beigesellung (schirk) ist die schlimmste aller möglichen Sünden, weil sie den Unglauben beinhaltet. Sie ist sogar eine Beleidigung der Allmacht Allahs und damit die einzige Sünde, die Gott nicht verzeiht[80]. Wenn Muslime keine Gegenmaßnahmen ergreifen, so wird Allah selbst gegen diese Sorte von Menschen vorgehen[81]. Somit haben Ungläubige (Heiden bzw. Polytheisten) oder solche, die der offizielle Islam als Götzendiener einstuft kein Existenzrecht innerhalb des Islam. Sie haben nur die Wahl zwischen Tod und Bekehrung[82]. Die Polytheisten (z.B. Yeziden) und die Anhänger der neuen Religionen (z. B. Bahais) sowie Atheisten haben im Islam nur die Wahl zwischen Bekehrung zum Islam oder

---

[78] Dieses klassische Modell des islamischen Staates prägt bis zur Gegenwart das politische Bewusstsein vieler Muslime, Johannes Schwartländer, a.a.O., S. 37.

[79] Gewisse „muslimische Missionare" wollen den Begriff „kuffar" nicht mehr als „Ungläubige" verstehen, sondern als „Glaubensverweigerer". Allerdings zeigt der islamische Wissenschaftler Abdel-Samed, a.a.O, (S. 184) nachvollziehbar auf, wie einige zum Islam konvertierte Salafisten den Begriff eigenwillig und weit auslegen.

[80] „Siehe, die Ungläubigen sind euch ein offenkundiger Feind", Koran 4, 101. Die einzige Sünde, die Gott nicht verzeiht, ist die Beigesellung von Anderem zu Gott. Sie heißt im Arabischen „schirk". Dazu heißt es in Sure 4,116: „Siehe, Allah vergibt es nicht, dass man Ihm Götter zur Seite gesetzt werden, doch vergibt er alles außer diesem, wem Er will. Wer Allah Götter zur Seite stellt, der ist weit abgeirrt."

[81] Vgl. Prophet des Islam, in: http://derprophet.info/inhalt/page/12/?attachment_id=hnqlykyu, abgerufen am 28.11.2014.

[82] Josef van Ess: Islamische Perspektiven, in: Hans Küng u.a.: Christentum und Weltreligionen, München 1984, S. 165.

Tod[83]. Dass aber der „Unglaube" der Götzendiener von der islamischen *Umma* nicht geduldet wird, ist ein offensichtlicher Widerspruch zum Koran. Denn es ist die koranische Offenbarung, die erklärt, dass auch der Unglaube eine Bestimmung Allahs ist[84]. Entzöge sich der gläubige Muslim dieser Erkenntnis nicht, dann hätten auch die Heiden verdient, im Herrschaftsbereich des Islam geduldet zu werden. Stattdessen werden alle Muslime aufgefordert, die Ungläubigen zur Annahme des Islam und zur Unterwerfung unter das Gesetz Allahs zu veranlassen[85]. Die damit verbundene Verpflichtung der Muslime, den Kampf gegen die Ungläubigen zu führen, wird unmittelbar aus dem Koran abgeleitet[86]. Soweit bekannt, stellt damit der Islam die einzige Religion dar, die eine Theologie normiert hat, die Gewalt gegen Ungläubige rechtfertigt[87]. So führte das Osmanische Reich vielfach *Jihad*-Kriege nicht nur in Europa, sondern vor allem gegen „die zu Unrecht als Ungläubige titulierten Yeziden" im heutigen Irak, die inzwischen mehrfach Opfer eines Völkermordes durch militante Islamisten geworden sind. Offenbar lässt sich aus dem Wortlaut des Koran (4,75-76) und auch aus der Praxis der früheren islamischen Staaten Gewaltanwendung gegen Ungläubige als eine Verpflichtung koranrechtlich begründen. Anzumerken ist, dass es im Koran sowohl Verse existieren, die zum Frieden aufrufen, aber auch solche, die Gewalt gegen Ungläubige befehlen. Die letzteren koranischen Verse wurden später offenbart und heben die ersteren auf.

---

[83] Ähnlich Peter Antes, a.a.O., S. 82. Einerseits stuft der Islam die Götzendiener bzw. Ungläubige als Gottesgeschöpfe ein, anderseits gelten sie als offensichtliche Feinde des Islam. Dann wiederum heißt es: "wenn Gott gewollt hätte, hätte er euch zu einer einzigen Gemeinde gemacht, siehe Koran 16, 93.

[84] „Denn Allah leitet, wen er will, auf einen rechten Pfad", Koran 2, 209 letzter Satz. „...Allah liebt keine Ungläubigen und Sünder...", Koran 2, 276.

[85] Wenn die Ungläubigen (kafirs) diese Aufforderung ablehnen, dann müssen sie von der islamischen Gemeinschaft bekämpft, vernichtet bzw. als Beute ausgeteilt werden, vgl. Adel Th. Khoury: Islam — kurz gefasst, S. 99f.

[86] „Kämpft in Allahs Weg." „Erschlagt die Götzendiener, wo ihr sie findet... So sie jedoch bereuen und das Gebet verrichten und die Armensteuer zahlen, so lasst sie ihres Weges ziehen." „Vorgeschrieben ist euch der Kampf...", vgl. Koran 2, 245; 9,5; 2,16.

[87] "Islam is unique among religions in having a developed doctrine theology in law that mandates violence against non-believers. However, not all Muslims take it seriously, but the radicals do (...)", vgl. Larry Elder: What you need to know about the 'religion of peace', http://www.jewishworldreview.com/1103/elder_2003_11_20.php3, zuletzt abgerufen am 25.11.2014.

V. Islamische Menschenrechtsdeklarationen

Wie festgestellt gibt es im Islam keine angeborenen Individualrechte gegenüber staatlicher und religiöser Autorität. Das erklärt auch, warum viele islamische Staaten sich bis heute weigern, den internationalen Menschenrechtskonventionen beizutreten. Weder der Internationale Pakt über wirtschaftliche, soziale und kulturelle Rechte noch der Internationale Pakt über bürgerliche und politische Rechte (beide 1966), noch auch das Fakultativprotokoll zu dem internationalem Pakt über bürgerliche und politische Rechte sind von vielen islamischen Staaten ratifiziert worden[88].

Vor dem Hintergrund dieser Tatsache ist es bemerkenswert, dass trotzdem einige islamische Staaten und Verbände in den vergangen Jahrzehnten UN-Menschenrechtserklärungen formuliert haben. Doch unterscheiden sich diese insofern von den vorausgegangenen UN-Menschenrechtsdeklarationen, als sie auf Koran und Scharia basieren: 1981 legte der Islamrat für Europa eine „Universelle Islamische Menschenrechtserklärung" vor[89]. Die Charta übergeht aber *alle* modernen Menschenrechte, die in der Gegenwart für schwerwiegende gesellschaftliche Konflikte innerhalb des dar-al-islam ursächlich sind. Die Ungleichheit von Mann und Frau im muslimischen Recht, Polygamie, Verstoßung der Frau, Ungleichheit bei der Erbfolge, all diese Misslichkeiten werden schlicht ignoriert. Die koranischen Körperstrafen, die gegen Völkerrecht verstoßen, bleiben unerwähnt, die Religionsfreiheit wird nur partiell und ungenügend berücksichtigt[90]. Urheber der Charta ist der Islamrat für Europa. Dieser spiegelt nur die Ansichten einer von Saudi-Arabien dominierten privaten Organisation im Ausland wider[91]. Weder hat sie internationalen Charakter noch ist sie vergleichbar mit den allgemeinen Menschenrechtserklärungen der UNO. Und anders als in der UN-

---

[88] Zu den Nichtunterzeichnern gehören Saudi-Arabien, Bahrein, Oman, Katar, Kuwait, Bangladesh, Pakistan, Indonesien, Mauretanien. Zu den Unterzeichnern gehören Ägypten, Syrien, Jordanien, Algerien, Tunesien und Marokko, vgl. Mohamed Charfi: Die Menschenrechte in den islamischen Ländern, in: Johannes Schwartländer, S. 94f. Art. 23 des saudi-arabischen Grundgesetzes erklärt, „der Staat beschützt den Islam, setzt die Scharia durch: er befiehlt den Menschen, Gutes zu tun und das Böse zu bannen; er erfüllt die Verpflichtung gegenüber Gottes Ruf."

[89] Vgl. zum Wortlaut der Kairoer Erklärung „Was jeder vom Islam wissen muss", S. 112ff.

[90] Mohamed Charfi: Die Menschenrechte in den islamischen Ländern, Johannes Schwartländer, S. 98.

[91] Rotraud Wieland: Menschenwürde bei muslimischen Denkern, in: Johannes Schwartländer, S. 185. Saudi-Arabien hatte 1948, also in der Zeit der Verabschiedung der Menschenrechtserklärung Vorbehalte, gegen die Charta angemeldet, insbesondere gegen das Recht auf Religionsfreiheit.

Menschenrechtserklärung wird bereits in der Präambel herausgestellt, dass die islamische Religion der einzig akzeptierte Bezugsrahmen für Menschenrechte ist.

Ähnliches gilt auch für die „Kairoer Erklärung der Menschenrechte im Islam", die am 5.8.1990 proklamiert wurde. In der Präambel der 25 Artikel umfassenden Erklärung betonen die Autoren, dass die grundlegenden Rechte und Freiheiten[92] „verbindliche Gebote Allahs" seien, dass deshalb jeder Mensch individuell für ihre Einhaltung verantwortlich und bei Missachtung oder ihrer Verletzung einer schrecklichen Sünde schuldig sei. Doch wird in dieser Erklärung explizit betont, die genannten Rechte und Freiheiten unterlägen der islamischen Scharia (Art. 24)[93]. In der Konsequenz hat diese Erklärung nur deklaratorische Wirkung, weil sie nicht mehr an Rechen und Pflichten als die Scharia begründet. Somit ist die Scharia durch die vollständige Unterwerfung des Menschen unter Allahs Gebote und Verbote geprägt und lässt deswegen nur göttlich legitimierte Rechte gelten. Die Menschenrechte der UN begründen hingegen die Religions-, Meinungs- und Gewissensfreiheit eines jeden Menschen. Damit wird auch hier deutlich, dass der Kairoer Erklärung ein völlig anderes Menschenrechtsverständnis zugrunde liegt als das der geltenden UN-Menschenrechtsdeklarationen von 1948 und 1966. Unter dem Druck der Ereignisse vom 11. September 2001, nämlich der Anschläge auf das World-Trade-Center in New York, wurde vom Zentralrat der Muslime in Deutschland am 26.2.02 eine „Islam-Charta" verkündet. Diese erklärt, das Recht, die Religion zu wechseln, eine andere oder gar keine Religion zu haben. Aber auch sie ist erstens unverbindlich, zweitens nicht repräsentativ, drittens allgemein gehalten und viertens äußert sie sich zu vielen dringenden Problemen der islamischen Diaspora gar nicht.

---

[92] Kairoer Erklärung der Menschenrechte im Islam, in: http://www.islamdebatte.de/islamische-schluesseltexte/kairoer-erklaerung-der-menschenrechte-im-islam, abgerufen am 29.11.2014.

[93] (Art. 24): Alle Rechte und Freiheiten, die in dieser Erklärung genannt wurden, unterstehen der islamischen Scharia.(Art. 25): Die islamische Scharia ist die einzig zuständige Quelle für die Auslegung oder Erklärung jedes einzelnen Artikels dieser Erklärung, vgl. Kairoer Erklärung der Menschenrechte im Islam

VI. Wesen und Defizite des islamischen Rechts

Lässt sich die Scharia überhaupt reformieren? Lässt sich eine Trennung zwischen Religion und Staat mit dem Islam und seinen Grundsätzen begründen?

Was während des noch fortdauernden Offenbarungsprozesses, also in der Lebens- und Wirkzeit des Propheten, noch für ständige Erklärung, Modifizierung und Anpassung an die wechselnden äußeren Umstände von Gemeinde und Individuum offen war, wurde nach dem Tode Mohammeds als unabänderlich definiert[94]. Um etwa 900 n. Chr. glaubten die islamischen Rechtsgelehrten, die wesentlichen Fragen abschließend geregelt zu haben, und beschlossen, das „Tor des Idschtihad", der selbstständigen Rechtsfortbildung, zu schließen[95]. Damit war der Weg zumindest *de jure* versperrt, die Entstehung gesellschaftlicher Probleme durch ständige Fortentwicklung des islamischen Rechts jeweils zeitgerecht zu lösen.

Der Mangel des islamisches Rechts besteht darin, dass es anders als das westliche Recht von seinem Anspruch her nicht etwa Produkt des menschlichen Wirkens ist, das den jeweiligen Entwicklungen dynamisch angepasst werden kann, sondern Botschaft ewiger göttlicher Offenbarung, die sich jeder Veränderung entzieht. Es beruht nicht etwa wie nach westlichem Verständnis darauf, dass der Mensch sich irren kann, sondern darauf, dass Allah als Urheber der Gesetze unfehlbar ist. Es bezweckt nicht die Lösungen modern-sozialer Probleme, sondern im Wesentlichen die Regelung der Beziehung des Gläubigen zu Allah, damit er sein Leben auf dieser Welt ordnen und dann die Erlösung im anderen Leben erlangen kann. Die Unterwerfung unter das islamische Recht ist für die Muslime also ein Gebot des Glaubens, und wer dagegen verstößt, ist auch vor Allah schuldig. Demzufolge kann es auch keine staatliche Gewalt mit gesetzgeberischer Funktion wie im Westen geben.

---

[94] Angelika Neuwirth: Der Koran — Mittelpunkt des Lebens der islamischen Gemeinde, in: Weltmacht Islam, S. 83.

[95] Alexandra Petersohn, a.a.O., S. 30f. Hingegen ist es in der Schiia nie eine Schließung des Tores des eigenen Bemühens angeordnet worden, vgl. zu den Einzelheiten über islamischen Rechtsschulen, Abdoldjavad Falaturi: Die Saria — das islamische Rechtssystem, in: Weltmacht Islam, S. 98-101.

Die islamische Konzeption, der eine immanente Klassifizierung der Menschen nach bestimmten Religionen und Gruppen (Rechtgläubige, Schriftbesitzer, Ungläubige), verbunden mit dem Exklusivitätsanspruch des Koran als direktes/unverfälschtes Wort Allahs zugrunde liegt, ist ein *offensichtliches* Reformhindernis. Angesicht dieser Sachlage ist zweifelhaft, ob sich in der Frage der Anpassung des islamischen Konzepts an Menschenrechte überhaupt eine Lösung finden lässt. Insbesondere stellt sich der Gleichheitsgrundsatz als Problem dar. Denn nach islamischer Lehre gilt zwar die Gleichheit aller Menschen - soweit sie gläubig sind - vor Allah, nicht aber vor dem Gesetz, wo Frauen vor allem im Ehe- und Erbrecht männlichen Muslimen nicht gleichgestellt sind. Mann und Frau nehmen nach traditioneller muslimischer Auffassung verteilte Rollen wahr: Die Frau ist zunächst einmal Hausfrau und Mutter und darf weitere Aufgaben nur nach Erfüllung dieser Pflicht und mit Zustimmung ihres gesetzlichen Vormundes (z.B. des Ehemannes) übernehmen. Auch die Vielehe widerspricht dem gegenwärtigen zivilisatorischen Bewusstsein. In diesem Zusammenhang stellt sich hinsichtlich der Stellung der Frau die Frage, welches *schützenwerte* Rechtsgut durch die Normierung der "Nur-halb"-wertigkeit der Frau überhaupt geschützt ist. Die vom Koran nahegelegte Vorrangstellung des Mannes bzw. sein Anspruch als Ernährer (Koran 4,34) oder sein Recht als Oberhaupt der Familie begründet in modern-westlichen Gesellschaften kein schützenswertes Rechtsgut. Denn in westlich-europäischen Gesellschaften kann die Frau genauso gut für den Unterhalt der Familie sorgen wie der Mann. Beispielsweise ist die in der Bundesrepublik Deutschland geborene/aufgewachsene muslimische Frau, deren Eltern aus der Türkei stammen, vielfach erfolgreicher in Schule und Beruf als ihre männlichen Angehörigen, obwohl in der Familie nach wie vor der Mann eine *führende* Stellung inne hat[96].

Die Lösung der Frauen-Frage bestünde vor allem darin, dass sich der islamische Staat raushält und sich nicht zum Vollstrecker der Scharia macht. Ein bewusster Verzicht auf Vorgaben der Scharia ist erforderlich, um an die Moderne anzuknüpfen. Denn vor allem im Bereich des Familienrechts wirkt sich die Tabuisierung historisch-kritischer Koranexegese[97] als

---

[96] Dies lässt sich nur damit erklären, dass die Diaspora-Muslima den Bildungsweg als eine wirkliche Chance wahrnimmt, um sich von den religiösen bzw. herrschenden patriarchalischen Strukturen bzw. von der Enge der familiären Verhältnisse zu befreien.

[97] Eine historisch-kritische Koranexegese ist nur in Ansätzen möglich, da die Forschung viel zu wenig über die vorislamische Zeit und ihre Sozialstruktur weiß, vgl. Alexandra Petersohn, a.a.0., S. 21; Bernard Lewis: Die politische Sprache des Islam, Berlin 1991, S. 96.

Reformhindernis aus[98]. Es sollte dem einzelnen Muslim selbst überlassen bleiben, ob er sich an Koran und Scharia gebunden fühlt oder nicht.

Allerdings bleiben die islamischen Rechtsgelehrten nicht nur in der Frauen-Frage, sondern auch im Fall des Abfalls vom Islam (Apostasie) die Nennung eines legitimen Rechtsguts schuldig. Den „Verrat am Islam" zu vermeiden, scheidet nach modern-westlicher Auffassung als schützenswertes Rechtsgut aus. Wenn jemand freiwillig aus dem Islam aussteigen will, darf er nicht gehindert werden, seine Religion zu wechseln. Dass er jedoch bislang tatsächlich daran gehindert wird, wirft die Frage nach dem Bestand von verschiedenen Wahrheiten auf. Vor allem traditionelle Muslime, die dem Koran ewige Geltung unterstellen, gehen implizit oder explizit von der Existenz ewiger und feststehender Wahrheiten aus, welche die ganze Menschheit binden. Gerade im religions-philosophischen Bereich von der Existenz ewiger Wahrheiten auszugehen, erweist sich als verhängnisvoll[99]. Denn selbst die im Koran enthaltene Formulierung „es gibt nur einen Allah" entzieht sich einer Verifizierbarkeit. Dabei bleibt der Koran mit seinen zahlreichen Widersprüchen den Beweis schuldig, Allahs direktes (Koran 4,82) Wort zu sein. Folgerichtig gibt es entsprechend abendländischer Philosophie nicht nur eine Wahrheit, sondern mehrere Wahrheiten, die prinzipiell nebeneinander bestehen, miteinander konkurrieren oder in unterschiedlichen Perspektiven Geltung haben. Die Existenz und Akzeptanz der Religionsfreiheit als elementares Menschenrecht erweist sich also als unverzichtbar. Und sie muss auch in der Gegenwart gegen autoritäre Vorstellungen eines sakralen gottbestimmten Rechts verteidigt werden, in denen der Handlungsspielraum menschlicher Verantwortung durch religiöse Dogmen und Weisungen eklatant eingeschränkt ist. Insofern spiegelt sich im Spannungsverhältnis von Gottesrecht und Menschenrecht ein realer historischer Konflikt wider, der in vielen islamischen Staaten bis heute andauert und aktuell sogar neu auflebt.[100] Namentlich eine theokratische Herrschaftslegitimation wird dem Wesen des menschenrechtlichen Konzepts nicht gerecht. Dies gilt vor allem für das

---

[98] Nur wenn der ausdrückliche Wortlaut einer Koranstelle einer gesetzlichen Neuregelung nicht explizit im Wege steht, kann auf der Basis einer koranischen Re-Interpretation in der Tradition des Idschtihad ein entsprechendes Reformgesetz mit Aussicht auf gesellschaftliche Akzeptanz erlassen werden, Alexandra Petersohn, a.a.O., S. 106. Vor diesem Hintergrund erscheint bemerkenswert, dass ausgerechnet muslimische Frauenrechtlerinnen die Missstände nicht mit den religiösen Quellen selbst erklären, sondern die Ursache darin sehen, dass der Koran bis in die Gegenwart von Männern ausgelegt worden ist und diese Interpretationen von den Gelehrten (Ulema) als für alle Muslime verbindlich tradiert wurden und werden, S. 93.

[99] „One of the challenges to the philosophy of human rights is the belief that nothing is true, because truth, as such, does not exist", Katerina Dalacoura, a.a.O., S. 13.

[100] Heiner Bielefeldt, a.a.O., S. 178.

islamische Kalifat bzw. Imamat in der schiitischen Version[101]. In beiden Fällen wären Frauen und Männer nicht gleichberechtigt; die Menschen und Gläubigen würden in Rechtgläubige (Muslime), „Schriftbesitzer" und „Ungläubige", Atheisten eingeteilt, und der Grundsatz der Trennung von Staat und Religion sowie die modernen Menschenrechte wären preisgegeben (vgl. Anhang). Selbst monotheistische Religionen könnten dann nicht nebeneinander und gleichberechtigt koexistieren[102], weil der Islam den bedingungslosen Vorrang vor allen anderen Gemeinschaften beansprucht.

Dieser kurze Befund zeigt, dass das säkulare Konzept der Menschenrechte nach dem gegenwärtigen Stand mit dem koranischem Konzept unvereinbar ist. Denn *individuelle* Rechte als Berechtigungen gegenüber Staat und Gesellschaft gibt es - wie dargelegt - im Islam nicht; zur Umma, der islamischen Gemeinschaft, gehören die Menschenrechte als organische Glieder, nicht jedoch als freie Individuen. Das islamische Konzept könnte freilich durch eine allmähliche flexible Interpretation an das Konzept der Menschenrechte und Grundfreiheiten herangeführt werden, indem z.B. die wenigen strafrechtlichen Delikte im Koran[103] unter dem Aspekt des Grundsatzes der Verhältnismäßigkeit betrachtet und so an die Moderne angepasst werden, wenn alle unzeitgemäßen Normen der Scharia im Hinblick auf die Menschenrechtserklärungen neu definiert werden und die Grundregel des sozialen und politischen Lebens im islamischen Recht noch mehr Berücksichtigung fände: „Das Gute vorschreiben, aber das Schlechte verbieten" (Koran 3,110). Mit diesem Grundsatz, der an Gerechtigkeit[104] anknüpft, ließen sich viele Normen von Koran und Scharia reformieren und so mit den Menschenrechten in Einklang bringen. Was allerdings Gerechtigkeit ist, entzieht sich einer griffigen Definition und eignet sich in Wahrheit nicht als Maßstab für zeitgemäße Interpretationen. Denn dadurch würde das Menschenrechtsverständnis von der Interpretation „islamischer Gerechtigkeit" durch staatliche Entscheidungsträger abhängig. Dies brächte ein

---

[101] Schiiten sind Anhänger des vierten Kalifen Ali und sollen etwa 15 % aller Muslime in der Welt ausmachen. Sie betrachten ʿAlī ibn Abī Tālib, den Schwiegersohn und Vetter des Propheten Mohammed, als den von ihm designierten Nachfolger (Kalif) und Imam, vgl. Schia, in: http://de.wikipedia.org/wiki/Schia, abgerufen am 29.2014.

[102] Vgl. Ein Monster mit saudischen Wurzeln, in: Neue Zürcher Zeitung vom 04.09.2014.

[103] Nur wenige Normen im Koran besitzen Normcharakter, vgl. Alexander Petersohn, Diss. S. 22.

[104] Was allerdings Gerechtigkeit ist, entzieht sich einer griffigen Definition und eignet sich in Wahrheit nicht als Maßstab für zeitgemäße Interpretationen. Denn dadurch würde das Menschenrechtsverständnis von der Interpretation „islamischer Gerechtigkeit" durch staatliche Entscheidungsträger abhängig. Dies bringt ein hohes Maß an Rechtsunsicherheit mit sich, zumal sich unter Bezugnahme auf das Kriterium der „islamischen Gerechtigkeit" fast jede beliebige Repression als „göttlich gewollt" und damit über dem positiven Recht - auch über Völkervertragsrecht - stehend legitimieren lässt, Alexandra Petersohn, a.a.O., S. 137.

hohes Maß an Rechtsunsicherheit mit sich, zumal sich unter Bezugnahme auf das Kriterium der „islamischen Gerechtigkeit" fast jede beliebige Repression als „göttlich gewollt" und damit über dem positiven Recht - auch über Völkervertragsrecht - stehend legitimieren ließe. Es ließe sich allerdings auch daran denken, der Scharia den Totalitätsanspruch abzusprechen, d.h. den Anspruch, alle menschlichen Lebensbereiche zu regeln. Dies müsste einhergehen mit einer Reduktion der Scharia auf eine bloß religiöse Ethik. Denn die Rechtsprechung auf der Basis der Scharia fußt nicht auf einem kodifizierten Recht, weil die Scharia als göttliches Gesetz nur mittels der Deutung des Korantextes und der Hadith-Überlieferung des Propheten ausgelegt werden kann. Auch technisch lässt sich die Scharia nicht kodifizieren[105]. Dass aber der Islam anders ausgelegt und praktiziert werden kann, zeigen die Beispiele Türkei, Turkmenistan, Kirgisien und Tunesien[106], wo die Scharia offiziell keine Rolle spielt.

Sowohl das islamische wie auch das westliche Konzept beanspruchen als Rechtsnormen Verbindlichkeit. Das islamische Konzept weist allerdings fast nur Pflichten auf, während das westliche sowohl Pflichten als auch Rechte enthält. Ist jedoch ein Begriff unklar, hat der Rechtsanwender nach der westlichen Konzeption den unbestimmten Begriff auszulegen. Hingegen darf der islamische Rechtsgelehrte nicht – wie sein westlicher Kollege – den offenen Rechtsbegriff auslegen, er kann ihn nur nachahmen (Taklid) bzw. erläutern. Ist im Koran nichts geregelt, ist der sog. Konsens der Rechtsgelehrten (Idschma), auch Übereinstimmung der Rechtsgelehrten, als Sekundärquelle für den Rechtsanwender bindend. Für den Konsens aber existiert *kein* geregeltes Verfahren. Er lässt sich bereits aus organisatorischen und sachlichen Gründen kaum realisieren[107]. Denn ob über eine islamrechtliche Frage geschlossene Einigkeit besteht, dafür wäre die Schaffung eines organisierten Verfahrens oder einer entsprechenden Publikationspflicht erforderlich gewesen, was de lega lata fehlt. Vor allem hat er den offensichtlichen Nachteil, dass er nicht losgelöst von der im Islam geltenden traditionellen Maxime betrachtet werden kann: „Der Islam herrscht, er wird nicht beherrscht". Durch diesen Grundsatz soll nicht zuletzt die Oberhoheit

---

[105] Thomas Hoppe: Menschenrechte im Spannungsfeld von Freiheit, Gleichheit und Solidarität, Stuttgart 2002 (Habilitationsschrift), S. 96, dort unter Fußn. 238.

[106] Tunesien ist bisher das einzige arabo-islamische Land, das die Polygynie verboten hat. Dort ist die Frau dem Mann im Falle der Scheidung — wenn auch nur formal — gleichgestellt. Die Ehe kann nur vor Gericht geschieden werden. Ein Eheschließungshindernis bei unterschiedlicher Religionszugehörigkeit besteht nicht. Allerdings gibt es in der Türkei, besonders in der Praxis, zahlreiche Einschränkungen, die vor allem religiöse Minderheiten benachteiligen.

[107] Werner Trutwin, a.a.O., S. 97.

der Muslime und ihre Vorrangstellung in Gesellschaft und Staat sichergestellt werden[108]. Ferner existiert für den Fall, dass nach koranischem Recht eine Lücke besteht, die Analogie. Analogie wird jedoch von der als konservativ geltenden hanbalitischen Schule abgelehnt. Nach westlichem Verständnis ist Analogie nur im Strafrecht verboten.

Damit wird die Tragweite des Dilemmas deutlich, in dem sich die islamischen Staaten befinden, welche die von Dogmen und Diskriminierungen beherrschte Scharia ganz anwenden oder sich teilweise nach ihr richten. Eine nur 200 Jahre alte historisch-kritische Erforschung der Bibel[109] kann nicht einfach die Lücken in der islamischen Rechtsauffassung auffüllen. Letztlich wird es aber auch im Islam auf Dauer nicht möglich sein, die historische und sozialwissenschaftliche Kritik am Koran zu unterdrücken. Denn Zweifel an dem vom Himmel gefallenen Buch sind unter muslimischen Intellektuellen sehr viel weiter verbreitet als von offiziellen Kreisen des Islam zugegeben. Und mit den Mitteln der Suppression und Repression lassen sich neue Ideen auf Dauer nicht niederhalten. Ohnehin wird das traditionelle umma-Konzept zunehmend auch von liberalen Muslimen kritisch hinterfragt. Aber eine *kritische* und notwendige Auseinandersetzung mit dem Koran und der Scharia beschränkt sich bisher auf eine Minderheit muslimischer Intellektueller, die zudem aufgrund des repressiven politischen Klimas in vielen islamischen Ländern Schwierigkeiten haben, sich öffentlich zu artikulieren.[110] Denn die Berufung darauf wird häufig zur Unterdrückung missliebiger Oppositioneller und zur Missachtung bürgerlicher und politischer Rechte zweckentfremdet[111]. Damit aber Menschenrechte als individuelle Rechte auch im Islam etabliert werden können, ist es notwendig, eine ausgewogene Balance zwischen Pflichten einerseits und Rechten anderseits zu schaffen, um so ein Konzept von individuellen Rechten einzuführen. Beim Prozess der Etablierung der Menschenrechte im Islam kann auf die Ethik der Menschenrechte als immanenter Bestandteil der globalen Zivilisation nicht verzichtet

---

[108] Adel Theodor Khoury: Das Problem der religiösen Minderheiten im Islam, in: Johannes Schwartländer — Freiheit der Religion — Christentum und Islam unter dem Anspruch der Menschenrechte, Mainz 1993, S. 383.

[109] Auch eine Reformationsphase (in Westeuropa ab 1648), in der die Aufklärer scharfe Kritik gegen Kleriker, ihre Praktiken und ihre überkommenen Vorstellungen richteten, kennt der Islam nicht. In Europa und Amerika war dies eine Phase, in der die Religion nach und nach ihre Herrschaft verlor. Beide Kontinente wurden von dem Prozess der Säkularisierung erfasst. Menschen lösten langsam ihre kirchlichen Bindungen und Fesseln. Religion wurde zur Privatsache und der Staat nahm langsam eine neutrale Haltung ein. Die Religionen und ihre Repräsentanten wurden zu weitgehenden Konzessionen gezwungen. Die geistige Kultur wurde pluralistisch. Der Laizismus setzte sich langsam durch.

[110] Heiner Bielefeldt, a.a.O., S. 145.

[111] Alexandra Petersohn, a.a.O., S. 62f.

werden. Schon der Nachweis einer philosophischen Verwurzelung zumindest grundlegender Menschenrechte in allen Zivilisationen reicht für die Universalität der Menschenrechte aus und entkräftet den unberechtigten Vorwurf, Menschenrechte seien Produkte des „westlichen Kulturimperialismus'". Entgegen der Ansicht der Islamisten[112] muss hier differenziert werden, und zwar zwischen der vorhandenen Dominanz des Westens und der Universalität der internationalen Menschenrechtsstandards. Mit Recht kann der eine Aspekt (die politische Hegemonie des Westens) kritisiert werden; der andere (die Ethik der kulturellen Moderne) ist jedoch elementar.

Als Zusammenfassung lässt sich das Ergebnis bisheriger Überlegungen wie folgt resümieren: Der Islam unterscheidet zwischen dem Eigenen und dem Anderen, zwischen dem Zugehörigen und dem Außenseiter, dem Bruder und dem Fremden[113]. Hingegen unterscheidet der Westen zwischen Begriffen wie Nation und Vaterland oder Staatsbürger und Ausländer.

Ein verminderter Rechtsstatus ist aufgrund der Zugehörigkeit zu einer bestimmten Religionsgemeinschaft nach internationalem Menschenrechtsstandard ein Verstoß gegen die erwähnten elementaren völkerrechtlichen Grundsätze. Der im Islam immanente Grundsatz der Ungleichbehandlung von Mann und Frau stellt eine Verletzung des Internationalen Pakts über bürgerliche und politische Rechte von 1966 dar. In islamischen Ländern, die sich nach Koran und Scharia richten, existieren - wie oben erwähnt - losgelöst von religiösen Werten der islamischen Offenbarung keine Menschenrechte im westlichen Sinne. Die gegenwärtige Konzeption der Menschenrechte im Allgemeinen und des Grundrechts auf Religionsfreiheit im Besonderen ist das Ergebnis einer spezifischen bzw. gesellschaftspolitischen Entwicklung von Nordamerika und Europa. Obwohl Menschenrechte im westlichen Teil der Welt entstanden sind, wäre es sowohl historisch als auch normativ problematisch, sie als Manifestation einer exklusiv „westlichen" Rechtskultur zu vereinnahmen. Die Widerstände, die auch in Europa und erst nach und nach im Kampf um Menschenrechte überwunden werden mussten, sind Beleg dafür, dass diese nicht etwa als gleichsam organisches Produkt der abendländischen Kulturgeschichte oder als inhärentes Moment eines okzidentalen

---

[112] So lehnen die Islamisten das UN-Menschenrechtsverständnis als Ausdruck von westlichem „Kulturimperialismus" ab, vgl. Alexandra Petersohn, a.a.O., S. 147.

[113] „Nicht sollen sich die Gläubigen die Ungläubigen zu Beschützern nehmen...", Koran 3,28; „Und heiratet nicht eher Heidinnen als sie gläubig geworden sind", Koran 2,221; „Siehe, die Ungläubigen sind euch ein offenkundiger Feind", Koran 4,101.

Rationalismus verstanden werden können.[114] Es ist kaum vorstellbar, dass die islamischen Gesellschaften sich demokratisieren können, ohne sich wirklich eine laizistische Verfassung zu geben. Laizismus aber heißt, die Legitimation der Herrschenden beziehungsweise Regierenden nicht auf Gott oder göttliches Recht zu gründen, sondern auf den Willen des Volkes. Gegenwärtig existieren mindestens drei islamische Staaten (Türkei, Tunesien, Turkmenistan), die diesen Weg eingeschlagen haben. Die Praxis des Laizismus in diesen Ländern ist einerseits entwicklungsfähig, anderseits noch relativ unstabil. Seine weitere Perspektiven und Entwicklungen werden für die islamischen und arabo-islamischen Staaten insgesamt richtungweisend sein.

---

[114] Heiner Bielefeld, a.a.O., S. 203.

VI. Anhang: Scharia und Grundgesetz (Skizze)

Scharia	Grundgesetz (Deutschland)
...gehorcht Allah und gehorchet dem Gesandten und denen, die Befehl unter euch haben, 4,59. / Ihr heißet was Rechtens ist und ihr verbietet das Unrechte...,3, 110. / ihre Angelegenheiten in Beratung untereinander erledigen, 42,38 (*shura*).	Alle Staatsgewalt geht vom Volke aus, Art. 20 Abs. 2. / Das Recht auf Bildung einer Opposition. Parlament als Volksvertretung und Gesetzgeber. Die Gesetze sind zu befolgen, wenn sie grundrechtskonform sind. / Die Ablösbarkeit der Regierung und ihre Verantwortlichkeit gegenüber der Volksvertretung / Ausschluss jeder Gewalt- und Willkürherrschaft.
2, 228 ("...doch haben die Männer den Vorrang vor ihnen..." (Frauen); 4, 11 ("...dem Knaben zweier Mädchenanteile zu geben"); 4, 34 (Männer beschützen und versorgen Frauen „weil sie (also Männer) von ihrem Geld auslegen"). Einteilung in „Schriftbesitzer" und „Ungläubige".	Alle Menschen sind vor dem Gesetz gleich, Art. Art. 3 Abs. 1 GG / Chancengleichheit.
5, 38 (schneidet ihnen ihre Hände ab); 24, 2 (Die Hure und den Hurer, geißelt jeden von ihnen mit hundert Hieben); 9, 5 (so erschlaget die Götzendiener (Ungläubige).	Folter ist abgeschafft, Art. 102 GG.
33, 36 (nicht geziemt es einem gläubigen Mann oder Weib, wenn Allah und seine Gesandter eine Sache entschieden hat, die Wahl in ihrer Angelegenheit zu haben).	Recht auf individuelle Selbstbestimmung. Recht auf persönliche Selbstentwicklung, Art. 2 Abs. 1 GG.
Kritik ist prinzipiell nicht erlaubt. Der Koran gilt als authentisches Wort Gottes.	Kritik ist grundsätzlich erlaubt, Art. 5 Abs. 1. Es existieren jedoch Schranken.
9,29 (bis sie (die Schriftbesitzer) den Tribut aus der Hand gedemütigt entrichten); 3,110 (aber die Mehrzahl von ihnen sind Frevler); 5,51 (O ihr, die ihr glaubt, nehmt euch nicht die Juden und Christen zu Freunden). Eingeschränkte Religionsfreiheit für Schriftbefolger bzw. keine Religionsfreiheit für Polytheisten (Heiden, Yeziden) und Anhänger neuer Religionen (Bahai).	Diskriminierung oder Ungleichbehandlung wegen Religionszugehörigkeit oder Geschlecht ist nicht erlaubt, siehe Art. 3 Abs. 3 GG (Diskriminierungsverbot) / Säkularismus.

Vielehe ist grundsätzlich erlaubt, die Männer sind jedoch gehalten ihre Frauen gleich zu behandeln, 4,3; 4,129.	Es besteht die Einehe. Vielehe ist abgeschafft. Gleichbehandlung der Geschlechter.
3, 19 (Allah akzeptiert nur eine Religion – den Islam). Es sei kein Zwang im Glauben, 2, 256. Diese Norm ist jedoch durch spätere Normen aufgehoben. Deswegen gilt: Wer seine Religion wechselt, den sollt ihr töten (Hadith).	Religionsfreiheit, Art. 4 Abs. 1. Die Todesstrafe ist in Europa abgeschafft.
Scharia (islam. Recht) ist unveränderlich und unantastbar, da Gottesrecht.	Prinzipiell kann deutsches Recht geändert werden. Es gibt jedoch Ausnahmen, Art. 79 Abs. III GG.
Keine Menschenrechte im modernen Kontext. Einteilung in Rechtgläubige (Muslime), „Schriftbesitzer" (*ahl al-kitab*) und „Ungläubige" (*kuffarun*). Spiritueller, missionarischer, aber auch kämpferischer *Jihad* mit dem Ziel der Bekehrung oder Unterwerfung der Welt.	Schutz der Menschenrechte, Art. 1 Abs. 3. Bei Verletzung der Menschenrechte steht der Rechtsweg offen, Art. 19 Abs. 4.
„Meine Gemeinde wird niemals irre gehen" (Hadith). Mohammed war Theologe, Krieger, Gesetzgeber (Sunna), Richter und politischer Führer des islamischen Gemeinwesens (Modell Medina).	Gewaltenteilung (Legislative, Judikative, Exekutive).